成功する飲食店は開業準備で決まる！

起業コンサルタント
宮﨑代志美 著
（株）ウーマン・タックス 監修

アニモ出版

はじめに

　最近、起業する人が増えています。なかでも多いのが、飲食店の開業です。
　しかし、飲食店を開業しても、3年～5年で大半のお店が閉店に追い込まれるともいわれています。
　その原因としては、出店予定地域の需要や既存店の経営状況の事前調査を十分に行なわずに、経験や勘だけに頼って開業に踏み切っていることなどが考えられます。

　飲食店開業を成功に導くポイントは、開業準備にあります。 そこで本書では、飲食店開業を成功に導くために最も大事である「開業の準備段階で知っておくべきこと・絶対にやっておきたいこと」についてまとめました。

　本書の内容は、次のとおりです。
　まず、1章は、成功する店舗立地の見つけ方について、2章は、適正な店舗面積の考え方・決め方についてです。お店の売上は、立地や広さ、そして店内レイアウトなどに大きく左右されます。そのポイントをみていきます。
　3章は、間違いのない売上予測のしかたと投資限度額についてです。しっかりとした売上予測を立てたうえで、どれくらいの初期投資額が必要なのかを、開業前に必ず検討しておきましょう。
　4章は、効果的な販売促進のやり方についてです。とにかく、まずはお客さまに入店してもらうための効果的な方法をいくつかご紹介します。
　5章は、開業資金の準備のしかたと融資の受け方についてで

す。開業するには多額の資金が必要なため、融資を受けるという人が多いですが、その際の留意点などをあげておきました。

　6章は、従業員の採用のしかたについてです。開業後の売上は、スタッフの接客サービスによっても大きく左右されますから、どんな従業員を採用するかは重要な要素です。

　そして、7章と8章では、保健所への開業許可の申請のしかたや、税務署、労働基準監督署、ハローワーク等への届出手続きについて、最低限知っておきたいことをまとめておきました。飲食店開業に際して欠かせない官公署への手続きについては、開業前に必ず確認しておく必要があります。

　以上のことをしっかりと理解したうえで開業プランを練っていただければ、開業後に失敗するリスクは大きく軽減されるはずです。

　本書が、飲食店開業を考えている方にとってのガイドブックとしてお役に立ち、「お店をもちたい」という夢が実現することを心から願っています。

　また、飲食のサービスを通して、多くのお客さまに幸せをお届けできる繁盛店として成功いただけたら、これに勝る喜びはありません。

　なお、本書の執筆にあたり、株式会社ウーマン・タックスの税理士である板倉京先生、羽田リラ先生には、ご専門の立場、また女性の目線から、アドバイスを受け、監修いただきました。この場を借りてお礼申しあげます。

2016年1月　　　　　　　　　　　　　　　　宮﨑　代志美

『成功する飲食店は開業準備で決まる！』

もくじ

はじめに

1章 成功する店舗立地の見つけ方

1-1 12
お店の成功・失敗は店舗立地で決まる！

1-2 14
あなたにとっての「いい立地」とは？
　◎ちょっと役に立つ「立地検討表」　15

1-3 17
都市部の好立地の見つけ方
　◎都市部に出店するときのチェック事項　19

1-4 22
郊外の好立地の見つけ方
　◎郊外に出店する場合の好立地とは　24

1-5 27
地域の特性を知ったうえで立地を検討しよう

1-6 31
居抜き物件の利用を検討しておこう

2章 適正な店舗面積の考え方・決め方

2-1 ……………………………………………………… 36
店舗面積はどのように考えたらいいのか
　◎店舗面積が広いことで増える経費等　37

2-2 ……………………………………………………… 38
店舗の規模と売上の関係について知っておこう
　◎主な業種・業態別の坪数と席数の関係　39

2-3 ……………………………………………………… 41
店舗の規模と家賃、投資額の関係を知っておこう

2-4 ……………………………………………………… 44
店舗の規模と人件費の関係を知っておこう

2-5 ……………………………………………………… 48
お店の適正規模の見つけ方

2-6 ……………………………………………………… 52
店内レイアウトの基本的な考え方
　◎店内レイアウトの基本的なモデル例　54
　◎カウンター席のレイアウトで必要な距離　55

2-7 ……………………………………………………… 57
キッチンレイアウトのポイント
　◎キッチンレイアウトの基本的なモデル例　59

2-8 ……………………………………………………… 63
客席レイアウトのポイント
　◎客席レイアウトの基本的なモデル例　65

3章 間違いのない売上予測のしかたと投資限度額

3-1 ……………………………………………………………… 70
商圏内の競合店調査をしておこう
　◎「競合店調査票」のモデル例　73

3-2 ……………………………………………………………… 75
競合店の調査のしかた

3-3 ……………………………………………………………… 78
開業予定のお店の売上予測のしかた

3-4 ……………………………………………………………… 82
開業予定のお店の利益予測のしかた
　◎飲食店における費用の例と対売上比　84

3-5 ……………………………………………………………… 86
投資限度額はどのように考えておけばよいか

4章 効果的な販売促進のやり方

4-1 ……………………………………………………………… 90
口コミサイト、情報サイトを活用しよう

4-2 ……………………………………………………… 92
お店の看板、ポスターの効果的なつくり方

4-3 ……………………………………………………… 96
魅力的な店内ポスターのつくり方

4-4 ……………………………………………………… 100
メニューづくりで知っておきたいこと

4-5 ……………………………………………………… 104
割引券の活用のしかた

4-6 ……………………………………………………… 106
常連客の上手なつくり方
　　◎常連客になるまでの各段階での販売促進方法　107

5章 開業資金の準備のしかた・融資の受け方

5-1 ……………………………………………………… 110
開業資金の準備のしかた

5-2 ……………………………………………………… 115
日本政策金融公庫の融資制度の活用

5-3 ……………………………………………………… 120
自治体の融資制度の活用

5-4 ……………………………………………………… 123
補助金・助成金制度の活用も考えよう

6章 従業員の採用のしかた

6-1 ……… 126
従業員の募集・採用の前に知っておきたいこと

6-2 ……… 128
従業員の募集・採用のしかた

6-3 ……… 133
面接の上手なすすめ方
　◎面接の際に準備するもの　133

6-4 ……… 137
契約前に必ず伝えておくべきこととは

6-5 ……… 141
雇用契約書の結び方

7章 開業するときに必要な許可申請のしかた

7-1 ……… 144
開業するためには営業許可が必要になる

7-2 ……… 146
飲食店開業の際に必要となる資格

7-3 ·· 148
飲食店を始めるときの許可申請のしかた
　◎「営業許可申請書」の記入例　150

7-4 ·· 152
カフェや喫茶店を開業するときの許可申請のしかた

7-5 ·· 154
居酒屋を開業するときの許可申請のしかた

7-6 ·· 156
パン屋さんを開業するときの許可申請のしかた

7-7 ·· 160
ケーキ屋さんを開業するときの許可申請のしかた

8章 開業後に欠かせない届出手続きのしかた

8-1 ·· 164
個人の税金と法人の税金はどこが違うのか
　◎個人事業と法人の税金の違い　165

8-2 ·· 167
開業する際にはどんな届出書が必要になるのか
　◎開業時に必要となる届出書の一覧　168
　◎減価償却しない資産と少額な減価償却資産の取扱い　173

8-3 ·· 175
消費税のしくみについて知っておこう

8-4 179
労働基準監督署への届出手続きで必要となるもの

8-5 182
公共職業安定所への届出手続きで必要となるもの

8-6 185
年金事務所への届出手続きで必要となるもの

おわりに　189

カバーデザイン◎水野敬一
本文ＤＴＰ＆図版＆イラスト◎伊藤加寿美（一企画）

成功する店舗立地の見つけ方

開業前に検討しておきたい最も重要なポイントは、お店の立地です！

1-1
お店の成功・失敗は店舗立地で決まる！

すべてのお店にとって好立地である物件はない

　飲食店の成功・失敗は、店舗の立地で決まるとまでいわれています。たしかに、店舗の立地によって、売上は大きく左右されます。

　繁盛店が、さらなる発展をめざして移転した結果、売上が激減し、間もなく閉店したという話は、よく耳にします。

　このように、飲食店経営にとって店舗立地は最重要ポイントですが、すべての飲食店開業者にとって好立地である店舗物件というものはありません。

　一般に、駅前などの人通りの多い立地のことを「**一等立地**」といい、すべての飲食店開業者にとって好立地と思われがちですが、家賃が高くなり、経営が成り立たない場合も多いものなのです。また、隠れ家的な、落ち着いた雰囲気を売りにする飲食店では、裏通りなどの**二等立地**のほうが適している場合もあります。

　つまり、よい店舗立地とは、最初から決まっているものではなく、**どのような飲食店を開業するかによって決まってくる**ものなのです。

　そのため、あなたにとってのよい店舗立地を探すためには、あなたが、どのような飲食店をつくりたいのかをはっきり決めることが、まず必要です。

まず、お店のコンセプトを決めよう！

　どのようなお店をつくりたいかを決めることを、「**お店のコンセプトを決める**」といいますが、お店のコンセプトは、よい店舗立地を決定するだけでなく、飲食店を開業し、経営していくうえで、すべての基本になるものです。

　そこで、飲食店経営の基本である「コンセプトづくり」について、まず、考えてみましょう。

　「コンセプト」とは、基本的な概念といわれています。飲食店の場合なら、「**誰に（ターゲット）**」「**何を（業種：どんな料理）**」「**どのように（業態：気軽になど）**」提供するお店にするかということです。このことを、じっくり考えます。

　考えがまとまったら、それを、一文（長くても30文字程度）で表現します。たとえば、こんな感じです。

> 30代のビジネスマンに、ステーキを、リーズナブルな価格で提供する。

　このようにして、コンセプトが決まったら、コンセプトに合う立地、すなわち、あなたに適した立地を探すことになります。

　この章では、飲食店の成功・失敗を決定づける、大事な店舗立地について詳しく案内しますので、店舗探しの参考にしてください。

　店舗探しにおいて、選択を失敗して飲食店経営を断念することがないようにしたいものです。

1-2 あなたにとっての「いい立地」とは？

お店のターゲットはどんなお客さまか

あなたのコンセプトに合う立地が、あなたにとっての「いい立地」です。前述したように、すべての人にとって、いい立地というものはありません。

そこで、あなたの決めたコンセプトを実現するための店舗に適した立地を考えていきましょう。

コンセプトを決める際に「誰をターゲットにするか」を考えましたね。そのターゲットとなるお客さまが飲食店を利用するのに適した立地が、あなたのお店にとっての好立地のはずです。

ただし、「あなたにとっての好立地」を探すためには、2つの角度から検討をしなければなりません。

1つは、ターゲットは、**どのような種類のお客さまであるか**（「**客層**」ということです）という点です。

客層には、ビジネスマン、OL、主婦、学生などがありますが、たとえば、「日常的に利用できる女性向けの気軽なパスタランチのお店」なら、働く女性が多いオフィス街が好立地です。

また、「大人向けの特別なディナーを提供するお店」なら、通行量が多い一等立地よりも、路地裏などの二等立地のほうがいい場合が多いものです。

どんなときに利用するお店なのか

2つめは、来店客が、どのようなときに利用するかという「来

◎ちょっと役に立つ「立地検討表」◎

客層	立地	来店動機
ビジネスマン	ビジネス街／一等立地	ランチ 衝動来店型
OL	繁華街／二等立地	居酒屋 目的来店型
主婦	住宅街	食事 目的来店型
ファミリー	ロードサイド	食事 目的来店型
学生	学生街	食事 衝動来店型 目的来店型

店動機」です。

　お客様の来店動機には、大きく分けて２つあります。

　１つは、お店を見てその場で来店を決意する場合で、「**衝動来店型**」といわれます。

　「時間がない」「ひとまず空腹を満たしたい」というときに、目に入ったいくつかのお店のなかで、そのときの気分で店舗を選び利用するタイプです。ファストフード店などを利用するときの来店パターンですね。

　このタイプのお客さまをターゲットにするなら、絶対に人通りが多い、いわゆる一等立地（駅前や繁華街の人通りの多い立地）を選ばなければなりません。二等立地（一等立地から横に

入った通りとか、裏通りなど）に出店すると、経営を続けることが困難になるからです。

　実際に、全国展開をしている大企業の飲食店チェーンでも、一等立地に出店すべき店舗を二等立地に出店し、撤退している例もあります。

　もう1つは、食事をする前に、そのお店の情報をつかみ、そのお店を利用する目的をもって来店する場合で、「**目的来店型**」といわれるものです。居酒屋や高級レストランなど、友人や家族で食事をするときの来店パターンですね。「ぐるなび」や「食べログ」などのグルメサイトから情報を得て来店するタイプです。

　このタイプの場合は、一等立地でなく二等立地であっても成り立ちます。もちろん、メニューやお店の雰囲気などのよさを効果的に発信することがポイントですが、ネットで見た人が行きたくなるような**口コミ情報**などをあれば、さらに効果的です。

　お店に行くための地図がわかりやすく、来店がしやすいかどうかという点にも注意しなければなりません。

1-3 都市部の好立地の見つけ方

 エリアの人たちはどんな動きをしているか

都市部に出店を考えている場合には、まずは想定しているエリアを実際に歩いてみることです。

人の動きを注意深く見ていると、エリア内の人がどこに向かっているかがわかります。駅へ向かう人、スーパーやデパートなど商業施設に向かう人、学校に向かう人、役所に向かう人、工場に向かう人…、などなどいろいろな動きがあるでしょう。

たとえば、駅へ向かう人の場合、駅の近くになると、各方向から来た人たちが、駅前の同じ通りに吸い寄せられるように集まってきているはずです。

一方、駅前であっても、通勤する人がまったく通らない通りもありますね。

大型商業施設の場合も同様です。商業施設へ向かう人が通る通りも決まっています。

自宅から見て、これらの施設のある方向と反対の方向には、向かわないものです。

現地に行かないで地図をいくら眺めていても、こういった人の流れは、わかりません。

立地選びで失敗し、後悔しないためには、必ず、現地に出向いてください。そして、歩いてください。

人の動きと人が向かっている先を確認することは、絶対に怠ってはいけません。

そのエリアの人口などをデータで確認する

　出店を考えているエリアの人の動きを実際にチェックしたら、次に、データでも確認します。

　たとえば、人口、世帯数、1世帯あたりの人数、年齢層、人口の増減、昼夜における人口などのデータから、その地域にはどんなお客さまが多く住んでいるのか、単身者が多いのか、高齢の人が多いのかなどがわかります。

　その結果、あなたの計画している飲食店の**出店に適している地域なのかどうかを判断**することができます。

　また、人口が増加している地域の場合、売上の増加が見込めそうな地域なのかについてもわかります。

　これらの情報は、かつては役所などに出向いて調べる必要がありましたが、現在では「**イースタット**」（e-Stat = 政府統計の総合窓口）というサイトがあります。これは、それまで各省庁などのホームページ上で提供されていた統計データを1つにまとめたポータルサイトですから、これを利用して簡単に調べることができます。

 駅前に出店する場合に特に注意すること

　駅前での出店を考えている場合には、**最寄り駅の乗降客数**についても調べてください。これもインターネットで調べることができます。

　そして、1日の乗降客数が、2万人以上の駅、5万人以上の駅、10万人以上の駅などで、出店している飲食店の業態に違いがあることに注意してください。

　たとえば、大手飲食店チェーンでは、乗降客数を主要な出店基準としており、その基準を満たさない駅前には出店しません。

◎都市部に出店するときのチェック事項◎

- エリア内の人はどこに向かって歩いているか
    ← 実際に歩いて調べる

- エリア内の人口や世帯数、年齢層はどうなっているか
    ← インターネットを使って調べる

- 最寄り駅の乗降客数はどのくらいか
    ← インターネットを使って調べる

- どのくらいの売上が見込めるのか
    ← 地図に商圏を描いて調べる

- 駅前ビルのテナント出店は可能か
    ← まず1階を、次に2階、地下1階を検討する

　駅前だからといって、乗降客数を確認もせずに出店を決めないようにしてください。

　駅前に出店する際には、乗降客数以外にもう1つ確認しておきたい点があります。
　それは、**駅からの出口（東口・西口など）**により、賑わいがまったく違うケースが結構あるということです。
　たとえば、西口を出ると繁華街になっており、飲食店がたくさん出店しているのに、東口は住宅のみで飲食店はまったくな

いという駅もあります。これも、やはり現地に行って確認しておくことが大切です。

データを分析するときに注意すること

売上予測をする場合には、地図上で店舗予定物件から半径約500mや1kmの円を描き、そのなかの人口や世帯数などのデータを収集して検討すると思いますが、これらの数は単純に合計しないでください。合計した数から除かなければならないものがあるのです。

来店してくれそうなお客さまの住む範囲を**商圏**といいますが、商圏は、完全な円にはなりません。実は、完全な円にさせないバリアが存在しているのです。それは、鉄道、川、片側2車線の中央分離帯のある幹線道路などです。

これらがある地域は、そこで分断されてしまい、お店と反対側にあるエリアからは、お客さまは来店しないと考えるべきです。

商圏として描いた円のなかに住んでいる人が、すべて来店してくれそうな対象にはなりません。バリアにより来店が阻まれるエリアがありますから、結局は、商圏はいびつな形になります。

つまり、バリアの外を除いた、いびつな形の商圏（**実勢商圏**といいます）に住んでいる人たちが、お客さまとして来店される可能性があるということです。

ビルへテナント出店するときは2階までに

駅前のビルなどに、テナント出店するときは、まず1階の店舗（**路面店**といいます）を考えるべきです。3階以上になると、

有名な店舗なら集客できるでしょうが、初めて飲食店を出す場合はリスクが高いのです。

しかし、1階にある空き店舗を探すことは、簡単ではありません。仮に1階の店舗が閉店しても、多くの出店待ちの開業希望者が控えていて、すぐに決まってしまうからです。

一方、2階や地下1階なら、1階に比べ家賃も安く、比較的空き店舗があるので探しやすいといえます。しかし、2階や地下1階に空き店舗が多いということは、**2階や地下1階にある飲食店は、閉店に追い込まれる可能性が高い**ということを物語っています。

ちなみに、2階店舗の来客数は1階店舗の半分以下、地下1階店舗の来客数は1階店舗の3分の1以下になってしまうと考えておくべきです。

また、1階店舗の場合であっても、間口（道路に面した店舗の長さ）の広い店舗がおすすめです。お店の前を通るお客さまから、店の存在を認識してもらいやすいからです。

さらに、店内には動きを阻害する柱などが少ない店舗がおすすめです。たとえば、店内に取り除くことのできない柱がたくさんあると、従業員やお客さまのスムーズな動きを考えた、店舗設計ができなくなるからです。柱に衝突する事故なども起こしやすくなります。

1-4 郊外の好立地の見つけ方

好立地を見つけるには2つのポイントがある

郊外に出店を考えている場合に、好立地を見つけるためには、2つのポイントがあります。

それは、「**交通量**」と「**視認性**」です。郊外店の場合には車で来店するお客さまが多いでしょうから、それを前提に、それぞれのポイントについて、詳しくみていきましょう。

お店の前の道路の交通量は多いか少ないか

郊外に飲食店を出店するときに最も重視すべきデータは、お店の前の道路の交通量です。当然過ぎて、何をいまさらと思うかもしれませんが、道路の交通量からは、**入客数をある程度導き出すことができる**のです。

まず、出店を考えているお店の前の道路の日中12時間の交通量を調べてください。実際に、カウンターを使って調べなくても大丈夫です。主要道路だったら、国土交通省の調査データをインターネットで調べることができます。

「12時間、交通量」などをキーワードとして、国土交通省の一般交通量調査の資料にアクセスしてみてください。

また、より正確な入客数を把握するためには、12時間の合計通行台数から大型車の通行台数を差し引きます。大型車は、通常の店舗の駐車場だと物理的に入れないことが多く、素通りせざるを得ないからです。

実は、店舗前の通行台数から、入店してくれる台数の比率は、店舗ごとに、ほぼ一定しています。

近隣ですでに営業している店舗があれば、実際に入店比率（通行台数のうち、入店する台数はどのくらいか）を調査してみるとよいでしょう。

次に、**1台当たりの同乗者の人数**を把握します。

ちなみに、1台あたりの同乗者は、運転者も含めて平均して1.5人ぐらいといわれています。

以上の数値から、店舗前の道路の通行車両からの入客数は、1日12時間の営業の場合、次のように計算することができます。

> 通行台数（合計台数－大型車の台数）×入店比率×1.5人

あなたもぜひ出店前に調査して計算してみてください。

視認性を必ずチェックしよう

郊外に出店する場合、道路が進行方向の前方で、右側に緩く曲がっている場所が、お店の最高の立地です。車で進行中に、運転者の視界の真正面に店舗が現われてくるからです。つまり、視認性が高いのです。

お昼どきなど、空腹で飲食店を探しているタイミングでは、吸い寄せられるように、このお店の駐車場にハンドルを切ってしまうでしょう。

反対に、進行方向に対して左側にカーブしている道路の場合は、一般的に手前にあるビルなどにさえぎられてしまい、お店

◎郊外に出店する場合の好立地とは◎

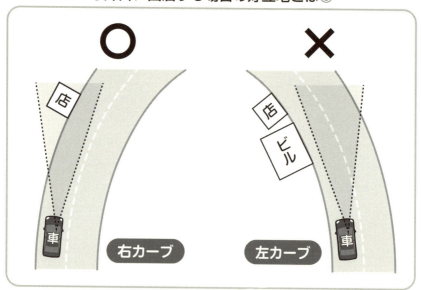

の存在に気づきにくいものです。

　また、敷地内において店舗が進行方向の手前にあると、さらにその手前にある隣の敷地に大きな建物がある場合には、やはり視界がさえぎられることも多く、お店の存在に気づいてもらいにくくなります。

　郊外の飲食店では、自動車による来店客が多数を占めるため、この「視認性」について留意することが、出店する際の重要なポイントになってくるわけです。

　なお、店舗の視認性とともに、駐車場の入り口の視認性も重要です。

　理想としては、道路に面して店舗があり、その手前に駐車場の入り口が広く取れることが大事です。店舗そのものが、道路

を通行する人に対する広告看板となるからです。

 交差点に出店する場合は要注意

　交差点の角地に出店を考えている場合には、注意してほしいことがあります。

　交差点の角地にお店があるわけですから、視認性は申し分ありません。しかし、店舗立地としては、おすすめできません。入店するのにも、お店から道路に出るのにも、交差点の角からでは困難だからです。

　お客さまは、車での入店・出店が困難なお店は、敬遠してしまうものです。

　交差点から3軒ほど先が好立地です。視認性もよく、お店への入・出店が角地よりしやすくなるからです。

　街路樹についても注意してください。

　街路樹が整然と植えられた道路は、車で走るには、快適なものですね。しかし、飲食店にとっては、マイナス要因になりかねません。

　葉が落ちてしまった冬などは、視認性がいいのですが、春から秋までは、生い茂った街路樹の葉のため、視認性が低下し、最悪の場合は、運転者からお店がまったく見えなくなってしまうこともあります。

 絶対に注意が必要な駐車台数の確保

　駐車場を設置した場合、収容できる駐車台数によって、売上は大きく変わってきます。

　客席数が30席程度の一般的な飲食店で、駐車台数が5台しかない店舗に移転した経営者がいました。すでに、飲食店を経営

していましたが、さらに売上を伸ばすために、交通量の非常に多い立地の店舗へ移転したのです。

ところが、収容できる駐車台数が少なかったため、目論見はすっかり外れてしまいました。

前述したように、1台の車に乗車している人数の平均は1.5人ぐらいです。

したがって、駐車台数が5台とすると、「1.5人×5台＝7.5人」となり、駐車場が満車の状態になっても、店内には7～8人しか入れません。

客席の4分の1しか利用されなければ、店内はいつもがらがらの状態です。

交通量の多い通りに面した郊外店で、近隣の住宅が少なく徒歩で来店するお客さまはそれほど見込めないというお店の場合には、収容できる駐車台数が、お店の売上を決める最大のポイントになるのです。

1-5 地域の特性を知ったうえで立地を検討しよう

その地域に合わせたお店を考える

　どんなコンセプトのお店を開くか、誰をターゲットにするかによって、そのお店に適した立地が決まります。

　そこで、代表的な立地（地域）をご紹介し、その立地への出店に伴う注意点もあわせて説明しておきましょう。

オフィス街

　会社や事業所の多い、いわゆるビジネス街といわれる地域ですが、ここで飲食店を出店する場合は、**ランチや仕事帰りの飲食**がメインとなります。

　ただし、土曜、日曜や祭日は、売上が激減します。近隣オフィスの業種、業態にもよりますが、会社休日の売上は、平日の売上に対して4分の1以下になることも珍しくありません。

　そのため、土曜・日曜・祭日は定休日とし、1か月の営業日は20日程度というお店が多い立地条件となります。

　かつては、残業時の食事や、仕事帰りの同僚との飲み会、会社主催の飲み会などで利用されることが多くありましたが、いまは、残業することが減っていますし、会社主催の飲み会もめっきり減りました。

　こうした環境の変化を受けて、オフィス街に出店する場合には、シビアな検討が必要です。たとえば、以下のような対策が考えられます。

【二毛作の検討】
　ランチ需要と仕事帰りのお酒をメインにした需要に対して、ガラッとお店の雰囲気もメニューも変えた"二毛作"の戦略を考えてみましょう。
【移動販売車の検討】
　固定店舗をもたずに、移動販売車でランチのみの営業を検討してみるのもこの立地です。

繁華街

　この地域は、若者やカップルなどが多いですから、**初めて来店するお客さまの比率が高い**立地です。また、多くの競合店がひしめき合っている立地でもあります。
　そこで、この立地での飲食店成功のポイントは、まず、**目立つこと**です。店頭には、A型看板（横から「A」に見えるスタンド看板）やサンプルケース、メニューボードなどを設置し、壁や窓も使ってアピールします。とにかく利用できる物や方法はすべて活用して、お店に気づいてもらわなければなりません。
　お客さまには、お店のおすすめメニューやその価格などを確実に伝え、そのうえで気軽に入店できるように、お客さまの目線を意識して知恵を絞る必要があります。

駅前

　駅前といっても、都心と地方の駅前では、立地の条件も異なるでしょう。たとえば、地方の駅前だと、郊外の大型商業施設などの発展により、お客さまが少なくなり、開業するには厳しい立地になっているところが多くなっています。
　一方、都心部の駅前について検討してみると、まず駅前は、乗降客がほぼ一定していますから、飲食店の開業には最も適し

た立地といえます。

　しかし、駅前のロータリーに立って店名がすぐ目に飛び込んでくるような一等立地では、開業できる店舗数が限られます。その限られた店舗のほとんどが、繁盛しているはずです。その結果、**新たな進出が非常に困難な立地**となるのです。

　この立地に適した飲食店は、駅前ということもあり、時間的に忙しい人や、待ち合わせなどの需要に対応できるお店です。したがって、回転率の高いファストフードや、コーヒーショップなどを中心としたチェーン店など、高い家賃にも対応できる店舗が多く出店しています。

住宅地

　住宅地といっても、高齢者や年配層が多い住宅地もあれば、小さな子供のいるファミリーの多い新興住宅地などもあります。どのような人が多く住んでいる地域なのかをイースタット等の情報を収集して、その地域のニーズに合った飲食店をつくらなければなりません。

　飲食店を開業するなら、**外食に対する需要の高い新興住宅地**が適しています。ファミリーレストランや惣菜なども販売する弁当店などにも適した立地といえます。

ロードサイド

　この地域は、オフィス街とは逆に、土曜や日曜・祭日の利用が特に多い立地です。平日に比べ、2倍以上の入客数になるお店も多いです。また、車で来店するお客さまが大部分となります。

　そのため、客席数をしっかり設置できて、さらに、客席数に

見合った駐車場が十分に確保できる物件が、この立地での好物件となります。

ロードサイドの飲食店には、ファミリー層を中心として、年配層も家族と一緒に来店されます。つまり、広い客層に対応できる飲食店に適した立地でもあります。

学生街

学生街は、飲食店の立地としては、実は**運営がむずかしい**といえます。なんといっても、夏休みをはじめとして、休みが多いからです。

また、大学内には、学生食堂が完備されているケースが多いので、学生街に出店を考える場合は、事前にランチでの需要があるかどうかのチェックが必要になります。

学生街にある飲食店は、メニューの単価を下げて、学生が利用しやすくしているので、**競合店の価格のチェックも必要です。**

学生は、できるだけ安い価格で、ボリュームのある食事を、友人と一緒に話しながら、ゆっくり食べようとする傾向があります。これらのことは、飲食店の経営の効率化からみれば、正反対といえるものばかりです。

いずれにしても、学生の多い地域で出店する際には、そのエリアでの競合店の調査を十分に行なうことが特に重要です。

1-6 居抜き物件の利用を検討しておこう

居抜き物件なら初期投資額を軽減できる

　飲食店を開業して失敗するリスクを抑える一番の方法は、**初期投資額を抑える**ことです。この初期投資額を抑えてくれるのが、**居抜き物件**の利用です。

　「居抜き物件」とは、廃業した前のお店の造作や内装、厨房機器などがそのまま残っているお店のことです。これを利用することができれば、新しく始めるお店の内装費や厨房機器の購入・設置費などの費用を大きく削減できる可能性があります。

　このように、飲食店を開業したい人にとっては、魅力的な居抜き物件ですが、注意すべき点がいくつかあります。

　特に注意したいのが、「造作や内装、厨房設備はすぐに使えるのか」ということと「前のお店はどうしてつぶれたのか」という点です。

　この2つの点に注意して、居抜き物件の利用を検討してみてください。

造作や内装、厨房機器はすぐに使えるのか

　まずは、開業予定のお店として、その居抜き物件の設備等をそのまますぐに使えるかどうかについて確認しましょう。

　あなたが考えている理想のレイアウトにはならず、いくらかの不便さは当然、発生すると思いますが、特に、**客席の美しさの程度、厨房設備の大きさとレイアウト**、また、それらの**品質**

の程度などについては、十分にチェックのうえ、確認してください。

　前のお店が、開業後2年以内に閉店した物件なら、そのまま使える可能性が高いでしょう。

　それ以上の期間、営業してからの閉店となると、前のお店の営業年数に応じて、手を加えなければならないところが多くなってきます。

　そうなると、たとえば、**店内のレイアウトの変更**が必要となった場合、かなりの改装費がかかることもあり、新規につくる場合とそれほど変わらないコストがかかるというケースも起こり得ます。

　また、厨房内の業務用冷蔵庫やクーラーなどの電気機器類について、**メーカーの保証期間内**であるかどうかも確認しておきましょう。

　保証期間を過ぎているようだと、故障の発生する可能性が高くなるので、電気機器類の買取り価格には注意しなければなりません。

　居抜き物件を取得する際には、改装費にどのくらいの費用がかかるかといった、ある程度の目利きが重要になるのです。

　居抜き物件を購入するときには、電気、ガス、水道、下水などの**配線・配管の図面**を必ずもらっておきましょう。

　居抜き物件の場合は、電気・ガス・水道・下水などに不具合が生じやすいものです。その修理を行なう際には、配線・配管の図面が必要です。

　図面がないと、配線や配管を確認するために、天井や床をは

がさなければならない事態も起こり、多額の費用がかかってしまいます。

前のお店はどうしてつぶれたのか

居抜き物件を利用するメリットである初期投資額を抑えるためには、**前のお店とあなたの開業予定のお店の業種・業態が同じであれば最適**といえるでしょう。

店内レイアウトや厨房機器などがそのまま使える可能性が高くなるからです。

しかし、この場合、特に注意して確認が必要になるのは、「前のお店はどうしてつぶれたのか」という点です。同じ業種・業態であれば、あなたのお店もつぶれる可能性が高いと考えられます。

たとえば、店主が体調を崩したとか、料理の味が悪かったとか、あるいはお店の接客サービスがひどかった、といった前のお店自体に原因があって閉店したのであれば、同じ業種・業態で開店しても問題はありません。

しかし、そもそもその飲食店の需要がないエリアであったり、お店の視認性が悪かったり、駐車場やお店の入口が狭くて入りにくい場合など、お店を取り巻く環境や物件そのものに問題がある場合は、居抜き物件の利用は避けたほうが無難です。

居抜き物件をアテにはしないこと

このように、居抜き物件の利用については、取得に際して注意しなければならない点をしっかりと確認したうえで、価格的にも見合うものであれば、おおいに利用するメリットがあるといえます。

しかし、あなたが開業を予定している地域に、すべての条件に見合う居抜き物件が存在しているとは限りません。
　お店の物件を探しているなかで、「条件に合う居抜き物件があったらラッキーだな」というスタンスで考えておくことが賢明といえるでしょう。

2章

適正な店舗面積の考え方・決め方

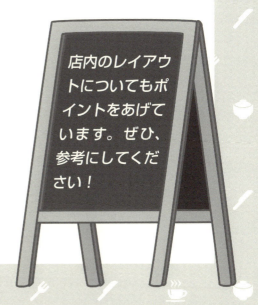

店内のレイアウトについてもポイントをあげています。ぜひ、参考にしてください！

2-1 店舗面積は どのように考えたらいいのか

店舗面積は広ければいいというものではない

お店の面積は、広ければ広いほどいいように思うかもしれませんが、面積が広いと、**投下資金や経費が多くかかること**になります（次ページ図を参照）。

では、店舗面積は小さいほうがいいのかというと、一概にそうともいえません。店舗面積が小さければ、投下資金や経費は抑えることができます。しかし、店舗面積が小さいと、飲食店の経営で最も大事な「大きな売上」を確保することが難しくなってきます。

適正な大きさの店舗にするということも、飲食店経営では重要な要素となります。

そこで、この章では、店舗の規模と売上、家賃と投資額、人件費との関係をより詳しくみたうえで、適正な店舗規模の考え方・決め方について解説していきます。

また、店舗規模に次いで、店舗の運営効率を左右する店舗のレイアウトについても、あわせて紹介していきます。

この章を参考にして、適正な店舗規模での飲食店運営を進めていただきたいと思います。

◎店舗面積が広いことで増える経費等◎

❶ 開業時の投資額が大きくなってしまう

　店舗を開業するときの内装費・設備費、また店舗を借りる際の保証金など、開店時の投下資金が高額になりやすくなります。

❷ 人件費が多額にかかる

　面積が広ければ、従業員の動く範囲が広くなるため、作業や接客に時間がかかるし、店舗の清潔さを維持するための清掃範囲も広くなり時間がかかります。その分、従業員を多くする必要があり、コストがアップすることになります。

❸ 家賃が高くなる

　家賃は、立地などにより異なりますが、仮に同じ立地であれば店舗面積が広いほうが家賃も高くなってしまいます。

❹ 水道光熱費がかさむ

　冷暖房費や店内の照明などにかかる電気代はもちろん、水道代も、店舗面積が広ければ負担は大きくなります。

2-2 店舗の規模と売上の関係について知っておこう

 一般的には、客席数が多ければ売上は大きくなる

　飲食店の売上は、料理のおいしさや接客サービスといったそのお店の優位性はもちろんのこと、その地域の外食需要（外食する人の多寡）や、周辺の飲食店の状況（周りに飲食店が多いか少ないか）といった外的な要因も密接にかかわってきます。経済の状況によっても、売上は変わったりします。

　このように、飲食店の売上というものは、さまざまな要因に左右されるものなのです。

　仮にこれらの要素が同じとした場合は、お店の規模が大きいほど売上は多く見込めます。

　ちなみに、売上の見込額は次のように計算します。「満席率」とは、すべてのテーブルがいっぱいになったときの全席数に対する入店客数の比率です。

> 売　上 ＝ 客単価 × 客席数 × 満席率 × 回転率

 規模の大きいお店の売上の考え方

　客席数が多いお店だと、一度にたくさんの来客数が見込める宴会需要を取り込むことができます。

　つまり、結婚式の二次会、女子会、会社の忘年会、その他のパーティなどのお客を迎えることによって、売上を伸ばす可能性が高いということです。

◎主な業種・業態別の坪数と席数の関係◎

業種・業態	坪数：席数	30坪の場合の席数
高級店	1：1.0	30席
レストラン	1：1.3	39席
居酒屋	1：1.5	45席
ファストフード	1：2.0	60席

ただし、その可能性を現実のものにするには、売上に結びつける経営者の企画力と実行力が必要になります。

客席数を増やすうえで、留意してほしい点が1つあります。

それは、業種や業態により、**店舗面積と席数との比率には目安がある**ということです（上表参照）。やみくもに席数を増やすのではなく、その目安を参考に席数を検討することが、お客さまに違和感なく利用いただける秘訣となります。

店舗規模が大きい場合、大きな売上をあげる可能性は高くなりますが、店舗の取得費や維持運営費が多額にかかり、結果として、利益が出ないというケースも多いものです。

売上と経費のバランスを考えることが、大きな規模の飲食店を経営する場合の最も大事なポイントです。

規模の小さいお店の売上の考え方

小さな規模の飲食店（特に10坪未満程度）の場合は、席数にも限りがあるため、売上を確保することが一般的には難しくな

ります。

　そこで、小さな居酒屋（客席10席）を例に、1か月の利益を試算してみると、次のようになります（原価率は35％と仮定しています）。

```
【客単価2,500円／来客数1日平均14人／月25日営業】
売上（2,500円×14人×25日）              875,000円
原価（売上の35％）                      306,250円
粗利益（売上の65％）                     568,750円
家賃                                   120,000円
アルバイト料（5時間×25日×900円）        112,500円
水道光熱費                              100,000円
電話代                                   20,000円
リース代                                 20,000円
その他                                   40,000円
利益                                    156,250円
```

　開業時に金融機関等からの借入れがある場合には、この利益から返済が必要になってくるので、生活は成り立ちません。
　規模の小さなお店では、このような結果になりやすいことを、まず肝に銘じておくべきだと思います。

　とはいえ、小さなお店でも利益を出すことは可能です。たとえば、席数が少ない分をテイクアウト中心の営業でカバーしたり、客の回転数を上げる工夫をするなど、アイデア次第では小さなお店でも必要な利益を生み出すことはできます。
　小さなお店であれば、席数を補うためにやるべきことは何かを考える、ということが大切なのです。

2-3 店舗の規模と家賃、投資額の関係を知っておこう

家賃は売上の何％と考えておけばよいのか

飲食店を開業した場合、経費のうち大きなウエートを占めるのは**家賃**です。家賃は、よい立地を選べば高くなり、同じ立地なら面積が広くなれば高くなります。

しかし家賃は、**固定費**。売上があろうとなかろうと毎月支払わなければならないのです。

一度、契約すると、家賃を変えることはできません。したがって、「いくらの家賃のお店を借りるのか」ということは慎重に決めなければいけません。

飲食店経営をするうえでの家賃の考え方は「**家賃は売上に対して10％以内に収める**」ということです。

しかし、開業前からいくらの売上が見込めるかを判断するのは難しく、ついつい甘い売上予測を立ててしまったり、気に入った物件があったからと、予測売上からは到底払い続けられないような家賃でも契約してしまった、という失敗をした人も多くみてきました。

こうなると、利益を確保することは難しく、経営に行き詰まってしまいます。

継続的に利益を確保しながら経営を続けるためには、適正な家賃の物件を見つけること、そして、そのためには売上予測についてしっかりと検討してほしいと思います。

契約期間はどのくらいがよいのか

家賃とともに注意が必要なものが、**契約期間**です。**通常の物件の賃貸借契約の期間は2年～3年に設定**されています。

経営が順調であれば、契約期間は長ければ長いほどありがたいものです。契約期間が満了して更新をする際に、高額な更新料を支払うという契約が多いからです。

一方、契約を解除する場合は、「3か月前に解除を申し込むこと」というように契約書で決まっています。その前に退出しても、決められた期間の家賃は負担しなければなりません。

最近増えてきたのが、**定期借家契約**です。再開発やビルの建て直しなどに伴い期間を限定して賃貸借する契約で、家賃が比較的低く抑えられるメリットがあります。

定期借家契約の場合、決められた期間は、貸主は貸し続け、借主も借り続けなければならない、というのが一般的です。また、契約期間が終了した際は、更新されないのが原則です。

実際にあった話ですが、家賃80万円で5年間の定期借家契約をした人がいました。家賃80万円ということは、月間800万円以上の売上が必要です（「家賃は売上の10％」の法則）。ところが、そのお店の月間売上は200万円にも届きませんでした。

すぐにでも、閉店したいところですが、定期借家契約であったため、5年間はお店を続けなければなりませんでした。

定期借家契約については、くれぐれもご注意ください。

 お店の規模と投資額の関係は？

飲食店を開業するには、大きな資金が必要になります。

そこで、飲食店を開業する際に必要になる費用にはどんなも

のがあるか、みておきましょう。

　開業時に必要となる費用には、次のようなものがあります。

> ①**物件取得費**
> 　　保証金（敷金）、礼金、仲介手数料、造作譲渡料など
> ②**店舗工事費**
> 　　設計料、内外装費、厨房設備費など
> ③**備品類の購入費用**
> 　　食器、調理器具、レジ、パソコン、机などの購入費用
> ④**開業費**
> 　　募集費、教育研修費など

　これらの費用項目の大半は、お店の規模に応じて金額が増減しますが、小規模店であっても初期費用はかなりまとまった金額になります。

　そのため、通常は融資を受けることになります。しかし、融資を利用した場合、月々の返済額はばかになりません。

　たとえば、金融機関から2,000万円を借り入れて、5年間で返済するとした場合、利率にもよりますが、最低でも利息と合わせて毎月35万円ほどの支払いが発生します。この支払いは、もろもろの諸経費を支払った後のお店の利益から返済しなければなりません。

　開業後の毎月の返済額を少しでも少なくするのは、実は開業前の準備段階にポイントがあります。正確な売上予測にもとづいた、適正な店舗規模を検討し、投資額を極力削減して借入額を抑える努力が必要になるわけです。

2-4 店舗の規模と人件費の関係を知っておこう

規模が大きくなれば人件費も多額になる

人件費は、原材料費とともに飲食店において、二大経費の1つです。そこで、店舗の規模と人件費の関係についての考え方をみましょう。

①規模の小さなお店

店主とその家族だけ、あるいはアルバイトを1人程度雇っているくらいの小さな飲食店では、人件費については、それほど気にしなくてよいと思います。

万が一満足な売上があがらなかったときは給料の支払いを待ってもらう、また売上が確保できるまでは少ない人件費で我慢してもらう、など融通がきくというメリットがあります。

②規模の大きなお店

客席数の多い大きなお店には、大人数でも席が確保しやすいため、グループ客の入店が多くなる傾向にあります。

そのため、規模の大きなお店には、一度に多数の来店があった場合にも備え、多くのスタッフを用意するなど対応できるようにしておく必要があります。

多くのスタッフを効率的に動かすためには、管理者としてのマネジャーも必要になってきます。マネジャー業務ができる人材となれば人件費も高くなります。つまり、大規模なお店は、席数比率以上に人件費がかさむことになります。

利益確保のために人件費をコントロールする

繰り返しになりますが、お店の利益を確保するためには、二大経費の1つである人件費をコントロールすることが必要になります。

しかし、人件費は、ただ少なければいいというものではありません。

入客数に比べて人件費が極端に少ない（従業員不足、時給が安い）と、従業員の不満も高まり、しいてはお客さまへのサービスの質が低下します。その結果、入客数が減り、利益を低下させてしまうことになるのです。

では、**人件費をコントロールする基準**は何でしょうか。人件費をコントロールするには、まず原材料費なども含めたトータルな視点で、コントロールすべきです。

たとえば、食材原価の比較的高いものを使用する業種・業態の場合は、アルバイト比率を高めるなど、人件費率を抑える努力が必要でしょう。

ちなみに、売上高に対する原価率と人件費率の合計比率の基準は次のとおりです。

> 原価率　＋　人件費率　＜　60％

これが、飲食店の経営で押さえておくべき重要な目安になります。

人時売上高と人時生産性はどのくらいか

また、お店の売上と従業員の労働時間との関係の目安となる

指標に「人時(にんじ)売上高」と「人時生産性」というものがあります。

①人時売上高

1人の従業員の1時間あたりの売上高のことをいい、売上高を従業員の労働時間数で割って求めます。

たとえば、1日の売上が15万円で、労働時間が30時間の場合には、次のように計算します。

```
      （1日売上高）   （1日の労働時間）   （人時売上高）
       150,000円  ÷    30時間    =    5,000円
```

ここで注意が必要なのは、この計算で使用する労働時間は、社員もアルバイトも関係ありません。すべての従業員の労働時間数を合計します。

人時売上高は、5,000円を目安にしましょう。

②人時生産性

飲食店経営では、売上高を上げることがもちろん大事です。ただし、やみくもに売上高を上げるのではなく、同時に利益を伴った売上高を上げなければなりません。

この、利益の視点を取り入れて人件費を考える場合の目安となる指標が「人時生産性」です。

人時生産性は、人時売上高にお店の粗利益率を掛けて求めます。

```
      （人時売上高）    （粗利益率）   （人時生産性）
       5,000円   ×    65%    =    3,250円
```

この人時生産性の金額は、**お店の従業員の平均時給の３倍を目安**にしましょう。平均時給には、もちろん社員分も含めて考えます。

👤 人件費は日々の管理が大切

　飲食店では、人件費について１か月分をまとめて管理してはいけません。日々の基準労働時間の管理なくして、人件費をコントロールすることはできないのです。

　また、それぞれのお店で設定した基準労働時間そのものが、現実の売上に即したものでなければ意味がありません。

　季節や天候により入店客数は変化します。前年までのデータをもとに、経済環境等も勘案して調整し、そこに雨、風、雪、気温などの日々の天候要素を加味して売上高を予測します。

　この予測売上高に対して、計画した人時生産性を確保するためには、基準労働時間をもとに、従業員ごとの労働時間を何時間にしたらよいのかなどを検討したうえで、勤務シフトを組むことになります。

2-5

お店の適正規模の見つけ方

客席数に応じた店舗経営の考え方

　この章では、店舗の規模による売上、家賃、投資額、人件費などの考え方についてみてきました。では、飲食店開業を考えるにあたって、どのような規模が適正なのかについて、検討しておきましょう。

　一般的な飲食店の客席数に応じたお店の規模の目安は以下のようになります。

- 16席未満…「店主1人＋アルバイト1人」で運営できる規模。大きな利益を出すのは、難しい規模です。業態もラーメン店、居酒屋などに限定されます。しかし、こだわりの味の人気のラーメン店や、立飲み形式で人気になっているお店もあります。
- 17～29席…「店主1人＋社員1人＋アルバイト数人」でまかなえる規模で、業種・業態も広がります。この規模までは、店主を中心とした営業が多いのが特徴で、運営のしかたで、売上、利益には大きな違いが出ます。
- 30～60席…スタッフの人数は30席未満に比べ増えてくるので、店主および社員にマネジメントの能力が求められるようになります。
- 61席以上…マネジメント能力がさらに求められ、店長

および副店長が必要な規模です。飲食店経験のない人が、初めて出店するときは、避けたほうが無難な規模といえます。

　以上は、あくまでも1つの目安にすぎません。少ない客席数でも大きな利益をあげるお店もありますし、逆に、多くの客席数があっても来店客が思うように伸びないお店もあります。

 お店の規模を検討する際に確認すること

　あなたのお店の適正な規模を決める際には、上記の目安を参考にしたうえで、まず、次の流れで3つのことを確認します。

自分の思いを確認する
⬇
需要と供給を調査する
⬇
自分の調理経験を確認する

　これらについて、詳しくみていきましょう。

①**自分の思いを確認する**
　まず、あなたの飲食店経営に対する思いを確認してみてください。
　従業員を雇わず、自分ひとりで1店舗のみの飲食店をめざすのか、それとも従業員を雇って大規模店をめざすのか…、等々の店舗経営に対するビジョンを確認します。
　自分ひとりだけの飲食店経営なら、10坪ほどの店舗で客席は16席ぐらいまでの規模となるでしょう。忙しい時間だけ、奥さ

まや知人などに応援してもらえば運営できるはずです。業種・業態としては、居酒屋、ラーメン店、弁当店などが考えられます。

一方、大規模店をめざすのであれば、従業員を雇用しなければなりません。30席以上の規模にしたいのなら、店舗の運営管理と従業員の労務管理も必要となるでしょう。

これらのコストをまかなうためには、それだけの利益をしっかりと確保できるようにしなければなりません。

大きなお店のほうがいいが、そこまで自信はないという場合は、17～29席の中規模店でのスタートを検討してみましょう。

②需要と供給を調査する

どういった規模の店舗を運営するのか、あなたの思いを確認したら、どのような業種・業態のお店を開業するのかを確認します。

そして、出店希望のエリアにおける、その業種・業態の店舗の需要と供給の調査を行ないます。

その地域での需要（ニーズ）があって、なおかつその需要に対して供給（既存店）が不十分な状態であれば、あなたの思いを実現させるための開業計画を進めることになります。

もし、その地域の需要と供給の調査を行なった結果、需要が少ない、または、需要はあるが供給もしっかりとされている場合は、その地域での出店は見送り、他の地域を探したほうがよいでしょう。

③調理する人を決める

誰が調理をするのかも決めておきましょう。

自分が調理未経験者の場合は、別途、調理する人を雇うか、

そうでなければ料理を売りにする飲食店は避けたほうがいいでしょう。

家族や友人から「あなたは料理がうまいから、飲食店をやれば必ず成功するよ」などと言われ、飲食店を始めようとする人がいますが、お客さまを惹きつけるような料理は、それほど簡単なものではありません。

飲食店での調理経験がないという場合は、開業前に既存の飲食店で修業をするか、フランチャイズなどに加盟してノウハウを得て開業するという方法もあります。

一方、調理経験者の場合は、あなた自身がお店運営の中心になって、小さな飲食店を経営するのであれば、リスクは少ないといえます。

しかし、従業員を採用して、大規模な飲食店を開業したり、多店舗展開をめざす場合には、調理技術とは別の、店舗運営技術と従業員管理技術も必要になってきます。その部分をどう補うのかも考える必要があります。調理技術だけでは飲食店の経営はうまくいかない、ということをぜひ認識しておいてください。

多店舗展開をめざすとしても、まずは30席ほどの店舗で開業し、メニュー、店舗レイアウト、接客サービス等々を確認し、これらをブラッシュアップするとともに、従業員の体制、資金の準備を行なったうえで、開始すべきです。

最初の1店舗での基礎固めが、多店舗展開の基礎であることをしっかりと認識することが必要です。

2-6 店内レイアウトの基本的な考え方

店内レイアウトは一度決めたら変更しづらい

　飲食店は、主に**客席**と**厨房**からできています。この2つをどう見せるかで、お店の雰囲気が変わってきます。レイアウトについてどうすればよいか、考えてみましょう。

　客席については、お客さまにより多くの満足感を提供できるレイアウトを考えます。厨房については、従業員が能率的に作業できるレイアウトを考えます。詳しくは、次項以降で説明するとして、ここでは、客席、厨房を含めた店内全体についてのレイアウトを考えるうえで留意すべき点について触れておきます。

　店内レイアウトは、一度できあがってしまうと、変更しづらくなります。使い勝手の悪いレイアウトでも、我慢して使わなければならない、ということになってしまいます。

　そうならないためには、店内レイアウトを決める際には、2つのポイントを念頭に検討してほしいと思います。それは、**動線**と**客席数**です。

①**動線について**

　「動線」とは、店内でお客さまや従業員が動く経路のことをいい、「**お客さま動線**」と「**従業員動線**」があります。

　店内のレイアウトを決めるときは、この2つの動線を十分に考慮する必要があります。

お客さま動線には、次のような動線があります。

> ● 店舗の入口から客席への動線
> ● 客席からトイレへの動線
> ● 客席からレジへ、そして出口への動線

従業員動線には、次のような動線があります。

> ● 厨房から、客席・レジへの動線
> ● 客席から、厨房・レジへの動線

動線を考えるうえで大事なポイントは、**各動線が交差しない**ことと**目的地まで最短距離で移動できる**ことです。

動線が交差すると、店内でのスムーズな動きが妨げられ、思わぬ衝突事故が発生しやすくなります。

また、最短距離で移動できないと、各作業に時間がかかり、しいては売上の低下、人件費の増加につながってしまいます。

スムーズな動線を確保するための具体的な広さについては、メイン通路の幅は1.2m以上、その他の通路の幅は60cm以上、各テーブルの間は20cmは必要だといわれています。

②客席数について

お店の売上高は、客席数にも影響されますから、客席数はできれば多くとりたいところです。

しかし、店舗面積に対する客席数は、前述したように（☞39ページ）1坪あたり1席の高級な料理店から、1.3席のファミリーレストラン、1.5席の居酒屋、2席のファストフード店まで、業態により適正なバランスがあります。

◎店内レイアウトの基本的なモデル例◎

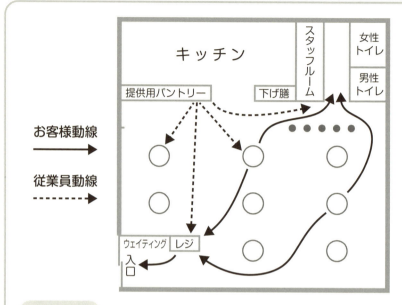

ポイント

❶ キッチンと客席の面積の比は３：７～４：６。

❷ 動線が交差しないようにする。

❸ トイレは、客席から見えにくくするため観葉植物などを置く。

❹ 入口は、段差なく、入りやすくする。

　また、実はお店のあるエリアが地方か都会かによる違いもあります。都会のお店は、お客さまが狭い空間に慣れていることや、人と人との関係性が地方に比べ稀薄なためか、地方よりも１席あたりの面積が狭くても大丈夫といわれています。もちろん、都会では家賃が高いため、狭くならざるを得ない面もあります。

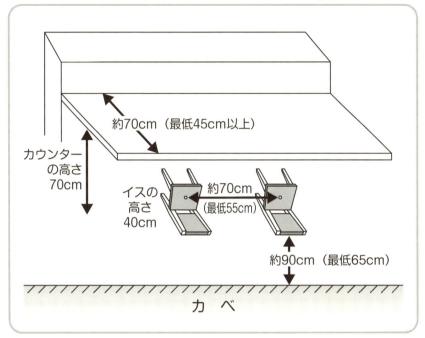

◎カウンター席のレイアウトで必要な距離◎

宴会需要を意識した客席数とカウンター席

　お店の売上増のためには、ぜひ、宴会需要を取り込みたいところです。

　宴会を受け入れるためには、宴会に対応可能な客席数が必要となります。あたりまえのことですが、宴会の人数が30人の場合、受入れ可能人数が30人未満のお店だと、お客さまの候補から脱落してしまうわけです。

　可能であれば、平常時は、少人数対応として営業しつつも、いざというときには、宴会にも対応できるようなつくりにしておくことも検討しておきたいところです。

　カウンター席を設置する場合は、隣の席との幅は一般的に70cm前後必要です。人の肩幅は45cmほどですから、比較的客

席の狭いファストフード店でも、左右に＋5cmずつとって隣の席とは最低限55cmは離すようにしています。

また、カウンターの奥行については、70cmくらいを基準としますが、最低45cmは必要です。カウンターの端から椅子の背まで60cm程度になります。そして、椅子の後ろを、お客さまや従業員が通りますので、お客さまが座ったときの椅子の背と壁やテーブルの間は65cm以上は確保したいものです。

これらの長さを考えたうえで、カウンター席が何席確保できるか計算してみてください。

客席数が4〜5席くらいしか取れない小さなカウンター席だと、単なるお客さまの荷物置き場になってしまう場合も多いので、カウンター席を設けないという選択も考えます。

2-7 キッチンレイアウトのポイント

キッチンはどんなタイプにするのか

キッチンのレイアウトを決めるポイントは、**キッチン作業が安全でムダのない動きができる**ことです。

具体的には、まずキッチンのタイプを決め、メニューづくりに不可欠な厨房機器を揃え、そのうえで店舗の全体面積とのバランスを考えてキッチンのレイアウトを決めていきます。

ここで、キッチンのタイプとは、以下のことをいいます。

①オープンかクローズドか

キッチンには、「オープンキッチン」と「クローズドキッチン」があります。

オープンキッチンとは、調理のようすが客席から見えるようなレイアウトにすることです。この場合、お店の料理へのこだわりがお客さまに伝わりやすくなります。

ラーメンやピザ、そばのお店のほか、ステーキハウスや飲食チェーン店などでよく見かけますね。おすすめ料理を、どのような職人技でつくっているのか、あるいはお店がどんなこだわりをもってつくっているのかを、お店の売りにしたい場合には、オープンキッチンがいいでしょう。

お客さまから、厨房作業が見えるのが、オープンキッチンの特徴ですが、このスタイルは、同時に、厨房に立つ責任者から客席の様子が見えるので、スタッフへの作業指示をするのにも

好都合なのです。

　このような理由から、オープンキッチンを採用する店が増えてきました。

　一方、調理中の音やにおいを客席にもれないようにし、静かな店内環境を提供したいお店や、高級感を演出したい飲食店の場合は、クローズドキッチンのほうがいいでしょう。

②ウェットかドライか

　キッチンのタイプは、「**ウェットキッチン**」と「**ドライキッチン**」に分けることもあります。

　以前の飲食店の厨房は、調理人は長靴を履いており、作業が終了するとキッチンの床に水を流してデッキブラシでゴシゴシ磨くウェットキッチンが主流でした。

　しかし最近では、ウェットキッチンは水を流すことで細菌を拡散させ、完全には乾きにくいため不衛生と考えられるようになりました。

　そこでいまは、水を流すことのないドライキッチンが増えています。

　ドライキッチンだと、床に水を流さないので、長靴を履く必要がなくなって軽快なキッチンシューズに代わり、床が汚れたときは、モップでふき取るだけですみます。

厨房機器の配置を決める

　導入する厨房機器を決める際には、当然のことですが、どのようなメニューを提供するのか、看板メニューは何かが決まっていなければなりません。

　たとえば、揚げ物を提供するのであればフライヤー、焼き物を扱うのであればグリルが必要というわけです。

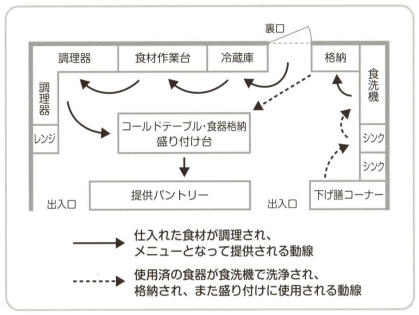

◎キッチンレイアウトの基本的なモデル例◎

　これらの厨房機器は、調理作業の流れを考慮してレイアウトします。
　キッチンでの作業の流れは、一般的に次のようになっています。

①仕入れた食材を冷蔵庫に保管する
　　⬇
②作業台で食材の下ごしらえをする
　　⬇
③下ごしらえした食材を使って調理する
　　⬇
④調理されたものを美しく皿に盛りつける

キッチンレイアウトを検討するときは、この一連の流れが効率的になるように考えます。その際、あなたのお店の看板メニュー（最も多く作成するメニュー）を調理しやすくなるように調理機器をレイアウトすることもポイントです。

　調理機器の配置は、十分に検討を行なってください。そして、一度決めた配置でも固定したものとは考えず、**日々改善するくらいのつもりでいてください**。料理の作成スピードは、調理機器の配置で決まるといえます。

　このことを、ご飯の提供を例にして考えると、まず、しゃもじが、ご飯の入ったジャーの右にあるか左にあるかで、スピードは極端に変わります。たとえば右利きの人は、しゃもじがジャーの右にあれば、しゃもじを取る距離が短いわけです。

　また、ご飯を盛る丼やお皿がどこにあるかも大事です。ジャーのすぐそばにあれば、取り寄せる距離が短くなります。

　キッチンでの作業時間は、作業に要する距離が関係することを、肝に銘じておいてください。

　キッチンでの作業時間の短縮が、お客さまへの提供時間の短縮につながり、それが人件費の削減をもたらし、さらには、客席の回転率を上げて売上を向上させるのです。

厨房機器の新品と中古品はどちらがよいか

　飲食店を開業するとき、厨房機器は、中古品で大丈夫か、それとも新品にすべきかを考えると思います。

　新品にすべきか、中古品にすべきかを、断言することはできません。しかし、飲食店を開業するときに、まず中古品の厨房機器が使えないかを考えることは、飲食店経営者として大事なことです。

3章で、開業の際の投資額について触れますが、投資額はできる限り抑えたいものです。

　厨房機器について、新品を入れるか、中古品にするかの判断は、**その機器が壊れたときに、店の営業に影響するかどうかで**考えるといいでしょう。

　たとえば、冷蔵庫、フライヤー、グリル、IHヒーター等なくては困るものは、新品にすべきでしょう。一方、シンクや作業台、食器棚などは中古品でも問題はないでしょう。

 厨房機器以外のレイアウトの留意点

　キッチンのレイアウトについて、料理の作業を中心にみてきました。しかし、キッチンのレイアウトを考えるときには、他の作業の動線も必ず検討しておかなければなりません。

①提供動線と下げ膳動線

　料理ができあがり、お客さまに提供するときのスタッフの動線と、食事後のお皿等の下げ膳でのスタッフの動線は、完全に分かれるようなレイアウトにすべきです。

　つまり、キッチン内あるいはキッチンに隣接した食器類の収納スペースを「パントリー」といいますが、完成した料理を置く提供用パントリーと下げ膳用パントリーは、反対側に設置するレイアウトにしたほうがよい、ということです。

②レジへの動線確保

　飲食店のランチタイムなどは、レジが混み合います。また、レジはお店の出入口周辺に配置する場合が多く、構造的に混み合うレイアウトになっています。

レジの専任者がいないお店では、レジにお客さまが近づいたときには、気づいたスタッフがすぐに対応できることが必要です。オープンキッチンなら、レジにお客さまが近づくことは、キッチンからよく見えるはずです。
　そこで、キッチンからレジへの動線を確保することも考慮した店内レイアウトにしておくのです。

キッチンの広さはどのくらいがよいのか

　飲食店経営という視点では、なるべく客席を広く取りたいことから、厨房は狭くしがちです。ところが、狭い厨房で苦労してきた料理人などは、概して厨房を広くしたがるものです。
　一般的には、**厨房スペースは店舗面積の30％**くらいが、バランスがいいようです。
　もちろん、これはあくまでも目安です。厨房での作業の効率と安全を考えたうえで、店舗全体の面積とのバランスも考慮してキッチンの広さを決めればよいでしょう。

　実際には、キッチンは十分な広さがあるというお店は、少ないと思います。
　このような場合は、吊戸棚などで空間を利用したり、コールドテーブルの上を作業台にしたりするなどの工夫をして、少しでも広く使えるようにするとよいでしょう。

2-8 客席レイアウトのポイント

客席レイアウトの3つのポイント

　客席のレイアウトを決める際のポイントは、**お客さまの視点で考える**ことです。

　大事なのは、お客さまが「お店に入りやすく」「店内は歩きやすく」「店内全体が見やすい」レイアウトであることです。そして、この3つのポイントに加え、「くつろげる空間」づくりも大切なポイントです。

　これらのポイントを踏まえつつ、その業態に適した席数の範囲のなかで1席でも多くの客席数を確保することが、客席レイアウトを考えるうえでは大切になります。

①お店への入りやすさ

　たくさんの飲食店があるなかで、あなたのお店を選んでもらうわけですから、**最大限のおもてなしの心**でお迎えしたいところです。

　おもてなしの気持ちを表わす最初の場所は「入口」です。

　まず、店頭には、お勧めメニューなどを表示して、入店を迷っているお客さまに、安心して入れるよう誘導します。同時に、スペースがあれば、店頭にサンプルケースなどを置くこともいいでしょう。

　高級店の場合は、サンプルケースを出さないことが多いです。料理を目にしたときの感動をお客さまに提供するためです。

　なお、入口は、構造上の制約はありますが、できるだけ広く

取りたいものです。段差がなく、自動ドアであると、理想的です。

また、入口の高さは、2m以上あると安心感をもたらすといわれています。

②**店内の歩きやすさ**

店内の歩きやすさは、お客さまのくつろぎに直結します。

メインの通路は、120cm以上が理想です。これは、1人が普通に歩くためには60cmの幅が必要ですから、2人が違和感なくお互いに通り過ぎるために必要な幅なのです。

また、幅50cmほどの小さな2人用のテーブル席を設置した場合、2つのテーブルの間を人が通る場合もあるので、テーブルの間は、20cm以上の幅が必要です。

なお、店内に段差がないことも、大事なポイントです。

③**店内の見やすさ**

入口から店内に入ったときに、**店内全体が見渡せる**と、お客さまは安心します。

また、高級店やお酒を楽しむバーなどのように、店内の明るさを抑えてくつろぎを演出するような場合を除き、一般的には、明るい店内が喜ばれます。

店内が明るく、客席全体が見渡せることは、お客さまに安心感を与えることができるのです。

お店側の立場からも、客席が見渡せるということは、店舗運営では大事なポイントです。お客さまの状況がすぐにわかるからです。

たとえば、客席でメニューを見ているお客さまがいれば、まもなくオーダーをうかがいに行く必要があることがわかりま

◎客席レイアウトの基本的なモデル例◎

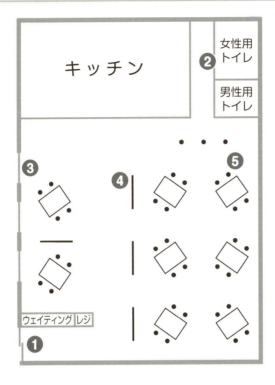

❶入口
- 入口は、段差をなくし、高さは2m程度にする。

❷トイレ
- 便座はウォシュレットに。
- 女性用は広めにし、化粧直しがしやすくする。
- 客席から見えにくくするため観葉植物などを置く。

❸窓側
- ブラインドを設置して光と外部からの視線をさえぎる。

❹ついたて
- 必要に応じて、客席と客席の間に高さ120cm以下で透ける素材のものを使う。

❺テーブル
- お客さま同士の視線が合わないよう方向を変える。
- 円テーブルの活用で、入店客数に柔軟に対応することもできる。
- 2人用テーブルを使用すると、効率的な席数の使い方になる。

す。
　また、コップの水が少なくなっているお客さまがいれば、おかわりを尋ねるタイミングです。
　財布を出しているお客さまがいれば、会計が近いことがわかります。

「くつろぎ」の提供を意識する

　「お店への入りやすさ」「店内の歩きやすさ」「店内の見やすさ」などに加え、客席レイアウトで最も大切なポイントは、「くつろぎ」の提供です。
　くつろぎを提供する具体例として、「室内温度」と「お手洗い」について取り上げましょう。

①室内温度について
　お客さまへのくつろぎの提供で大切なのは、快適な「室内温度」です。
　夏に、冷房が強すぎて冷えすぎていたり、冬に、断熱効果が弱いために寒い店内になっているようではＮＧです。店主が厨房などに入って料理づくりに追われ、客席の室温に気がまわらないということもよくあります。
　客席には温度計を設置して、常に室温を把握しておくことが大切です。

②お手洗いについて
　お手洗いは、**客席から直接見えないところに設置**するのがポイントです。それが無理であれば、お手洗いの入口近くに観葉植物などを置くとよいでしょう。
　また、トイレの室内は、お客さまへの思いがはっきり表われ

る場所です。行き届いた清掃、温かい便座、一輪の花などですが、お客さまには、お店の姿勢はすぐに伝わります。

効率的な客席数とテーブルのサイズ

　業態に応じた標準的な客席数については前述しましたが（☞39ページ）、1人で店舗運営する場合の効率的な客席数は、「**カウンターのみなら12席程度**」です。

　この席数だと、基本的に1人で運営することが可能です。忙しい時間帯だけ、アルバイト等の応援を受ける体制にすれば十分に運営できるでしょう。

　テーブル席の場合は、「**5～6テーブルで30席程度**」が効率的です。それは、1つのテーブルを2人で利用する場合が最も多いので、6テーブルまでなら、1人で接客を担当することが可能だからです。

　客席の回転率を上げるお店にするつもりなら、小さいテーブルを使いましょう。

　最も小さいサイズのテーブルは、幅がおよそ50cm程度です。これ以上大きいと、お客さまの滞留時間が長くなり、逆にこれより小さいと、極端に居心地が悪くなります。

　大きいテーブルだと、たしかにお客さまの滞留時間は長くなる傾向にありますが、料理のお皿をたくさん置くことができるので、客単価が上がる可能性が高い、というメリットもあります。

　テーブル1つをとっても、どのようなお店にしたいのかで決まってくるわけです。

以上のポイントを参考にしながら、お店のコンセプトに従って、客席フロアのレイアウトを決めていくとよいでしょう。

3章

間違いのない
売上予測のしかたと
投資限度額

売上予測が立てられれば、初期投資額も見積もることができます！

3-1 商圏内の競合店調査をしておこう

釣り場のポイントにうまく仕掛けをしたか

　現在、飲食店は、全国に67万店ほどあります。「お店をもちたい」という夢を実現するために、気軽に開業してしまうケースも少なくありません。

　その結果、開業後3年以内に約50％のお店が、営業を継続できずに閉店してしまうという現実があります。したがって、準備段階での既存店の調査は、必ず実施しましょう。

　飲食店が成功するかどうかは、釣りにたとえるとわかりやすいと思います。

　釣りで、たくさんの魚を釣り上げるためには、「釣り場」「ポイント（魚がたくさん潜んでいる場所）」「仕掛け（餌やおもりのつけ方など）」の3つが重要だと思いますが、これを飲食店経営にあてはめると、次のようになります。

①釣り場
　　開業する飲食店のコンセプトに合った立地であるか
②ポイント
　　コンセプトに適した立地において、ターゲットが多くおり、高い売上を見込める場所であるか
③仕掛け
　　メニューや広告などを、よく検討して作成しているか

そこで、あなたの開業したいお店のコンセプトに適した店舗が見つかった場合、果たして出店ポイントであるのかを確認することが、まず必要になってきます。

「商圏」について知っておこう

この調査を行なうには、その前提知識として、まず「商圏(しょうけん)」について知っておく必要があります。

商圏とは、あなたのお店を利用してくれそうな人の住んでいるエリアのことですね。

このエリアは、次の3つに分けて考えます。

①第一次商圏
　徒歩による場合は500m以内、自動車だと3km以内で、移動時間5分程度のお客さまが、頻繁に利用してくれるエリアです。お店の利用客の50％ほどを見込みます。

②第二次商圏
　徒歩による場合は1km以内、自動車だと5km以内で、移動時間10分程度のお客さまが、ときどき利用してくれるエリアです。①と合わせると利用客の80％ほどを見込みます。

③第三次商圏
　徒歩による場合は2km以内、自動車だと10km以内で、移動時間20分程度のお客さまが稀に利用してくれるエリアです。

自店と同業種・同業態の競合店調査を行なう場合は、第三次商圏を視野に入れながら、入店客数の80％を占めるといわれている第二次商圏内までの調査をしっかり行ないましょう。

商圏のデータ収集のしかた

　商圏の範囲は、まずは候補物件を中心に置いて住宅地図に円を描いてみます。そして、その円のなかを、都市部では歩いてみて、郊外では自動車で移動してみて、**実際の移動距離**にもとづいて商圏を修正します。

　修正ずみの住宅地図をもとに、商圏内のデータを集計します。商圏内のデータとは、年齢別人口、男女別人口、昼夜人口、世帯数および世帯の状況、事業所数、飲食店数などです。

　これらのデータを収集して、商圏の環境を分析することによって、開業しようとするお店のコンセプトに合う商圏であるのかどうかを判断することができます。

　さらに、どのようなメニューが好まれるのか、ボリュームや価格はどうか、といったことを決定する貴重な判断材料にもなります。

　商圏は固定的なものではなく、新たに公共施設ができたり、大きな道路などができると、人の流れも大きく変化してその範囲も変わることがあります。

　また、第一次商圏内で大きなイベントがあったり、新たに競合店が出店したり、既存店がセールを行なったりすると、自店の売上にも大きく影響します。

　そこで、第一次商圏内の他店の動きや、出店・閉店の情報を素早くつかみ、準備段階でそれを活用して、そのための対策を早めに打っておかなければならないこともあります。

◎「競合店調査票」のモデル例◎

		A店	B店	C店	D店
物件	人口（第一次商圏内）				
	人口（第二次商圏内）				
	最寄り駅までの距離				
	駐車場台数				
	店舗面積				
	客席数				
	店舗間口				
	視認性				
	道路との段差				
	店舗階数（1階・2階・B1階）				
料理の質	料理の味				
	料理のボリューム				
	料理の価格				
	盛り付けはきれいか				
	食器はきれいか				
サービス	さわやかな挨拶をしているか				
	店内に活気があるか				
	従業員の私語がないか				
	料理の提供はスピーディか				
	お客さまへの気配りはあるか				
	飲み物と食事の順番はどうか				
クリーンリネス	店舗の入り口はきれいか				
	トイレは汚れていないか				
	窓は汚れていないか				
	テーブルやいすは汚れていないか				
	店内の観葉植物の処理はどうか				
	駐車場にごみの散乱はないか				

3章　間違いのない売上予測のしかたと投資限度額

開業後にも商圏調査は必要

　実は、開業後にも商圏の調査は必要です。開業前に行なう出店の可否の判断材料としての商圏調査は、役所などの公のデータ収集による調査になりますが、開店後の調査は、お客さまから直接データを収集することが可能になるので、開店前よりも商圏の実態をはっきりとらえることができるようになります。

　こうして得られた商圏内の正確な情報をもとに、販売促進においても、効果的なエリアに効果的な対策が打てるようになるのです。

競合店の調査も欠かさずに

　開業前には、必ずライバルである競合店の調査を行ないましょう。その競合店の調査をもとに、しっかりと差別化したお店づくりを行ないます。

　そして開業後も、可能な限り定期的に競合店の調査を行なって、他店のよいところを吸収するとともに、競合店の運営の変化やセールの情報なども取得するようにします。

　競合店の調査を行なう際には、前ページにあげたような「競合店調査票」を作成して、調査項目をもれなく調査するようにしましょう。

3-2 競合店の調査のしかた

エリア全体の飲食需要も調査する

飲食店にとって最も重要な数字は、**入店客数**です。入店客数は、お客さまから支持されているかどうかのバロメーターであり、競合店の売上を推し量るための基礎数字ともなるからです。

開業予定の自店の入店客数を予測するためには、統計数字をもとにして机上で計算した予測だけに頼らず、必ず、この競合店の入店客数の調査を行なってください。

①調査の対象

競合店の入店客数の調査は、まず、出店予定エリアにおいて、自店のコンセプトに近いお店の入店客の状況を中心として、他の業種・業態のお店も含め、飲食店の入店状況も含めて行ないます。

他の業種・業態まで含めて入店客の状況を把握するのは、そのエリア全体の飲食の需要をみるためです。

エリア全体をみることで、飲食需要の多いエリアなのか、飲食需要の少ないエリアなのかがわかります。また、エリア全体をみたなかでの、競合店として調査すべき店舗がはっきりしてきます。

②調査のしかた

入店客数の調査は、平日と休日（日曜・祭日）はもちろんのこと、できれば、土曜日も行なってください。

また、1日をランチタイム、アイドルタイム、ディナータイムと区切って、1時間単位で調査します。

調査は、入店客を確認しやすい席から、カウンターを用意して行ないましょう。その際、調べたい項目(男女別など)の数のカウンターを用意します。

競合店調査で客層が把握できる

競合店の調査によって、入店客数以外にも得られる貴重な情報があります。

それは、ファミリー客中心なのか、サラリーマン中心なのか、高齢者が多いのかなどの「**客層**」が確認できるということです。

あわせて、これらの客層が、平日と休日で変化するのかどうかについても知ることができます。

入店客数の調査を行なうことで得られる、時間帯別入店客数や平日・休日の入店客数の変化、および客層の情報などを参考にして、計画店舗のメニューづくりや、従業員の採用計画などに活かすことができます。

競合店調査で客単価が把握できる

調査対象のお店に入店すれば、お客さまがどのような料理を注文しているか、また、どのような組み合わせでメニューを選んでいるかがわかります。

お客さまの、選んだメニューを確認することで、その時間帯の1人あたり平均の客単価をある程度は予測することも可能でしょう。

入店調査は、ランチタイム、アイドルタイム、ディナータイム、それぞれの時間帯に、平日、土曜日、休日と分けて行ない

ます。そうすることによって、平均の客単価はより実態に合ったものに近づきます。

こうして調査した結果を、次の計算式にあてはめると、調査を行なったお店のだいたいの月売上高を把握することができます。

> **入店客数 × 1人あたり平均客単価 ＝ 売上**

なお、土曜日の調査ができない場合は、平日と休日の中間の数字を土曜日の数字としてください。たとえば、休日の入店客数・客単価が平日のほぼ2倍の場合、土曜日は平日の50％増しで計算します。休日が平日のほぼ1.5倍の場合、土曜日は平日の25％増しで計算します。

3-3 開業予定のお店の売上予測のしかた

売上予測はどのように行なったらよいか

　事前の売上予測に対して、実際の売上が大きい場合は、うれしい誤算で大きな喜びを味わうことができますが、反対に、実際の売上が予測売上に届かなかった場合は、営業を続けることに悩んだりします。

　いずれにしても、飲食店開業者にとって、売上予測は開業後の経営のカギを握る最も重要な要素ですから、できるだけ正確に予測しておきたいものです。

　予測売上高の求め方には、いくつかありますが、主な方法をあげると次のとおりです。

①単純計算法
②類似店比較法
③市場シェア率法
④重回帰分析法

　このうち③と④は、30店以上のお店をすでに経営しているチェーン店などに適した方法なので、単独の飲食店を含め大部分の店舗で利用している①の方法と、現実にはほとんど利用されませんが、ぜひ行なってほしい②の方法を紹介します。

単純計算法による売上予測のしかた

　お店の客席数やお店の前の道路の通行量などに、一定の係数

を掛けて算出する方法で、**回転率法**や**キャッチ率法**などの方法があります。

【回転率法】

月商＝客席数×回転率×平均客単価×1か月の営業日数

たとえば、客席数30席の飲食店で、1日に2回転するとして、平均客単価が2,000円、1か月の営業日数が25日とすると、月商は「30席×2回転×2,000円×25日＝300万円」になります。

【キャッチ率法】

月商＝店前通行量×来店率（キャッチ率）
　　　　×平均客単価×1か月の営業日数

たとえば、営業時間中のお店の前の通行量が4,000人、キャッチ率が2％であれば、入店客数は80人という計算になります。平均客単価が1,000円、1か月の営業日数が25日とすると、月商は「80人×1,000円×25日＝200万円」になります。

この単純計算法は、客席数や店前通行量などの客観的な数字を使った方法なので、融資を受けるために金融機関へ提出する事業計画書に記入する予測売上高にもよく使われています。

ただし、回転率やキャッチ率をどう設定するかによって予測売上は大きく変わってくるため、どうしても希望的な数値の回転率やキャッチ率を設定しがちです。

したがって、単純計算法による売上予測については、目標売上としてとらえておくことが賢明といえます。

類似店比較法による売上予測のしかた

　出店エリア内で行なった競合店の入店客数調査などを通して、売上に影響する立地要因を選び出し、その点数（ウエート＝重要度）を設定します。そして、それらの立地要因の点数から自店の総合点を算出し、総合点に応じた売上予測を推定する方法です。

【手順1】
　73ページの「競合店調査票」をもとに、競合店の評価をします。
　なお、調査した競合店の予測売上の高い店舗ほど総合点が高くなるように、かつ、同じ予測売上の店舗であれば総合点も同じくらいになるように、各評価項目の点数を設定します。

【手順2】
　続いて、たとえば次のような既存店の総合点と売上の対応表を作成しておきます。

	総合点	予測月商
A店	90点	1,200万円
B店	80点	900万円
C店	70点	600万円
D店	60点	400万円
E店	50点	200万円

【手順3】

　最後に、あなたが開業を予定しているお店の総合点を算出し、上記対応表から月の売上高を推定します。

　たとえば、物件の総合点が65点であれば、理論上の売上はC店とD店の間（約500万円）であろうと考えるわけです。

　この、類似店比較法は、立地の評価項目の選定と評価については主観的になりますから、どうしても評価する人の評価力に左右されてしまいます。

　しかし、机上のデータではなく、実際に調査した出店エリアにおける類似競合店との比較ですから、単純計算法に比べて、より正確な売上予測が得られます。

　この方法は、手間暇がかかるからなのか、ほとんど使われていません。しかし、より正確な売上予測を求めるために活用してほしいと思います。

3-4 開業予定のお店の利益予測のしかた

利益を求める算式は？

利益を求める算式を尋ねると、多くの人は次のように答えます。

「売上 − 経費 ＝ 利益」

この式からは、「今年の売上は○○円で経費が○○円だから、その結果、利益はマイナスでした」と、顧問の税理士さんなどから決算報告を受けている飲食店のオーナーの顔が浮かびます。

これから飲食店を始めようとする人は、次のように答えてほしいと思います。

> 利益 ＝ 売上 − 経費

先ほどの式の左右を入れ換えただけではないか、と思われるでしょうが、飲食店の開業前には、まず、目標とする利益を決めます。そして、その利益を確保するために、売上を設定し、経費をコントロールするという考え方の順番が、この式には込められています。

利益は、1年の営業が終わった結果を確認するものではなく、1年の営業を始める前に決めておくものである、と認識してほしいのです。

そして、その目標利益としては、「対売上高の経常利益10％以上」をめざすようにしてください。

経費はどのくらい見込んでおくのか

飲食店を運営するうえで、どのような費用（＝経費）が必要になってくるか確認しておく必要があります。

まず、費用は「変動費」と「固定費」に大別されることを知っておいてください。

> **変動費**…売上の変動により金額が変わる費用
>   食材原価、人件費、水道光熱費、販売促進費など
> **固定費**…売上が変動しても金額が変わらない費用
>   家賃、減価償却費、リース料など

飲食店における各費用が予測売上に対して、一般的に何％かかっているのかを、次ページの表にあげておきました。予想利益を求めるときの参考にしてください。

なお、経費の考え方で重要なことは、「**変動費と固定費の合計は売上高の90％以下に抑える**」ということです。そうすれば、売上の10％以上の利益を確保することができますね。

飲食店の利益はどのように求めるのか

まず、お店の売上高から「売上原価」（食材費やテイクアウト用容器代など）を差し引いて求められる利益が「粗利益」です。

　　粗利益 ＝ 売上高 － 売上原価

ここから、売上原価を除く諸経費（「販売費および一般管理費」といいます）を差し引いて「営業利益」を求めます。

　　営業利益 ＝ 粗利益 － 販売費および一般管理費

さらに、受取利息や受取配当金などの「営業外収益」と、支

◎飲食店における費用の例と対売上比◎

	費用項目	売上対比	内容
変動費	食材原価	35％前後	食材原価などの原価率。業種・業態により15〜50％くらいの幅があります。食材原価と人件費の合計が売上対比で60％以下になるようにしましょう。
	人件費	25％前後	社員給与、アルバイト給与、通勤交通費、福利厚生費などの費用です。
	水道光熱費	5％前後	ガス代、電気代、水道代など。
	販売促進費	3％前後	広告宣伝費、販売促進費など。
	消耗品費	3％前後	事務用消耗品、トイレットペーパー代など。
	通信費	1％前後	電話代など。
	その他	2％前後	入口に敷くマット代など。
トータル　60〜74％			
固定費	家賃	10％以下	賃料、共益費などの合計額。
	その他	10％以下	減価償却費、リース料などの合計額。
トータル　15〜20％			

払利息などの「営業外費用」など（合わせて「営業外損益」といいます）をプラス・マイナスして「経常利益」を求めます。

経常利益 ＝ 営業利益 － 営業外損益

これが、いわゆる本業による利益といわれるものです。

そして、臨時的・突発的に発生した利益や損失（「特別利益」「特別損失」といいます）があれば（合わせて「特別損益」といいます）、それをプラス・マイナスして「税引前利益」を求めます。

税引前利益 ＝ 経常利益 － 特別損益

最後に、ここから法人税、住民税、事業税等の税金等を差し引いて「（税引後）当期純利益」を求めます。これが、手元に残る利益ということですね。

当期純利益 ＝ 税引前利益 － 税金等

聞きなれない会計用語が出てきて、理解しづらいかもしれませんが、開業前の段階では、とにかく**「営業利益の最大化をめざす」**ことが重要であると考えておいてください。

営業利益の最大化をめざすポイントは、以下の3点です。

> ①売上増をめざして努力する
> ②固定費は最初から低くしておく
> ③変動費を削減する努力をする

3-5 投資限度額はどのように考えておけばよいか

開業してもすぐに閉店するのは、なぜ？

　飲食店を開業するにあたって、飲食店経営の現実はご存じかもしれませんが、個人で開業する人の約7割、法人営業でも約2割は、開業後3年以内に閉店に追い込まれています。
　閉店せざるを得ない原因としては、経営知識の不足、売上高の低迷、経費の増大化等々いろいろあると思います。
　営業を続けていても、**開業時の投資額の回収の見込みがつかない**ということであれば、閉店せざるを得ないのではないでしょうか。閉店させないためにも、回収できる開業時の投資額を計画しましょう。

開業時の投資額にはどんなものがあるか

　飲食店を開業する際に投資が必要となるものには、以下の費用があげられます。

①物件取得費
　借りる店舗に関連する費用です。礼金、権利金、保証金なども必要になります。地域や物件の状態によっても変わりますが、店舗賃料の6〜12か月分は用意しておく必要があります。

②建築費
　テナント出店の場合は店舗の建築費は不要ですが、ロードサイドなどの更地に新しく店舗を建てる場合には必要になります。

③内装工事代

新装するのか、もともと飲食店が入っていた物件に居抜きで入るのか、そして物件の状態によっても大きく変わりますが、新装なら1坪あたり50万〜80万円ほどかかります。

冷蔵庫などの消費電力の大きい設備への配線や、ガス工事、厨房やトイレのための水道の配管、飲食業許可を取得する際に必要になるグリストラップ等の設置費用、空調やダクトの設置などといった費用もかかってきます。

④厨房設備費用

飲食店では、冷凍冷蔵庫、調理用のガスコンロ、浄水器、フライヤー、食器洗浄機と、いろいろ揃えなければならないものがあります。オークションや中古販売業者を利用して節約することは可能ですが、それでも数十万円の出費になるでしょう。

⑤運転資金

食材の仕入費用はもちろんのこと、開店告知のための広告宣伝費や従業員の採用費なども用意しておかなければなりません。

 初期投資額は何年で回収するのか

たとえば、大手飲食チェーンでは、メニューのライフサイクルを念頭に置いて経営しています。人気のあったメニューでも、期間の経過とともに人気がなくなるに従い、売上が落ちはじめますが、この一連の経過をたどる期間をライフサイクルといいます。

1990年代には、このライフサイクルが10年から7年程度に短縮されました。現在ではさらに短縮され、5年になっているといわれますが、3年くらいのものも多くなっているように感じ

ます。
　そのため、開業後2年間は売上が徐々に伸びていきますが、**3年目から売上が減り始める**という飲食店をよく目にします。
　その対策としては、新メニューを投入するとともに、店舗の部分的な改装などを行ない、新たな需要を喚起していかなければならないでしょう。
　大手飲食チェーンが、3年経過しても閉店に追い込まれないのは、3年間で初期投資額を回収することをめざし、そして3年単位で新たな投資をして、売上を維持しているからなのです。

　開業時の投資資金で、どのくらいの利益をあげたかを「**投下資本利益率**」（ＲＯＩ）という指標に当てはめて考えてみます。

$$ROI (\%) = \frac{年間利益}{投下資本} \times 100$$

　たとえば、開業資金1,000万円で飲食店を始めた場合に、1年間の売上高から仕入原価、人件費、家賃等の諸経費を差し引いた利益が300万円であったなら、ＲＯＩは30％ということになります。
　これは、「開業時の投資額の30％の利益をあげた」ことになります。
　飲食店での開業時の投資額は、30％以上の利益を見込むことができる投資計画をめざしましょう。

4章

効果的な販売促進のやり方

4-1 口コミサイト、情報サイトを活用しよう

飲食店検索で人気の二大サイト

　食事や飲み会で利用する飲食店を選ぶときに、何を情報源としているでしょうか。日本政策金融公庫の「外食に関する消費者意識と飲食店の経営実態調査」（2013年12月）によると、**食べログ**などの「口コミサイト」が19.8％、**ぐるなび**などの「情報サイト」は19.2％となっています。

　この結果からもわかるように、飲食店の販売促進のためには、これらのサイトの活用を検討しないわけにはいきません。

　飲食店検索サイトとして、絶対的な支持を得ている「食べログ」と「ぐるなび」の2つの飲食店検索サイトは、そのビジネスモデルが異なっているので、自店にとってどちらのサイトがより効果的であるか検討したうえで登録しましょう。

「食べログ」の活用

　「食べログ」は、32万人余りの月間315円の有料登録のプレミアム会員の登録料と、飲食店以外からの広告掲載料を収入の中心としている、エンドユーザーに向けた「お店選びで失敗しない」をコンセプトにしたグルメサイトです。

　日本全国の82万6,000店のお店を無料でデータベース化して、実際に利用した人の口コミを掲載している口コミサイトです。

　実際に利用したお客さまの声や、料理やメニューの写真を掲載しているので、リアルな情報を得ることができ、飲食店を探す際におおいに参考になるサイトとなっています。

飲食店として、「食べログ」のサービスを効果的に活用するためには、お客さまが口コミに投稿したくなるような感動的なメニューをつくったり、食材の産地情報などを告知するなどして投稿しやすいように工夫することも大事なポイントです。

「ぐるなび」の活用

　「食べログ」がお客さまの飲食店選びにサイトの価値を置いているのとは対照的に、「ぐるなび」は、お店側の集客増に価値を置いたサイトです。飲食店から広告収入を得て、ぐるなびサイトを通じてユーザーに飲食店の情報を提供しています。

　「ぐるなび」は、それぞれの飲食店の店舗情報や割引情報などを提供する店舗ページを作成支援することでサイトを運営しています。

　お店は、「ぐるなび」を活用することで、自店の最新情報を発信することができ、予約システムによって宴会利用などの集客に力を発揮することができます。

　「ぐるなび」サイトをより効果的に活用するためには、「ぐるなび割引メニュー」の作成や、宴会として利用しやすい客席数の確保、そして個室を用意するなどが有効です。

4-2 お店の看板、ポスターの効果的なつくり方

看板を見て入店する人が9割もいる

　入りたいお店を決めるときに時間の余裕があれば、インターネットなどを利用して詳しく調べることができますが、街を歩いていて、急に食事などで利用したい場合には、店頭の看板やポスターを見て決めることも多いのではないでしょうか。

　新規入店客の約9割は、店頭の看板などを見て入店するといわれています。

　飲食店にとって、お店の前を通行する人に入店を促すためには、看板などでアピールすることが大きな効果を発揮するわけです。

　なかには、店頭のポスターが色あせたうえに破れていて、ポスターを支える枠も、何年も拭き掃除をしていないためか、埃がたまっていたり錆びついたりしているものを見かけることがあります。こんなポスターなら、掲示しないほうがましです。

　そこで、お店の看板やポスターによる販売促進の目的を、まず確認しておきましょう。

　看板やポスターをつくる目的は次の3つです。

---

①お店の存在を知ってもらう
②お店の魅力を感じてもらう
③入店してもらう

これらの目的を達成するための、看板づくりのポイントをあげていきましょう。

お店の存在を知ってもらうためには

たとえば、車を利用する来店客をターゲットにしている郊外店の場合、お店の存在に気づいたときには、駐車場の入口を通り過ぎてしまったということが、けっこうあります。

このようなことにならないためには、できるだけ遠くからお店の存在がわかるようにしておかなければなりません。

ポイントは、**100m手前から見えるように**設置することです。時速40kmで走行している場合、100m移動するのに10秒かかります。この10秒は、お店の存在に気づいて、入店するか検討して入店の行動に入るために必要な時間です。

なお、この10秒という時間は、自動車で移動する場合でも、都市部で歩いてお店を探す場合も同じと考えておいてよいでしょう。

お店の手前に、店舗を遮るものがある場合もあります。

その場合は、**ポール看板**の設置を検討します。ポール看板には、10mとか15mなどさまざまな高さのものがありますが、高くなればなるほど看板を支えるための基礎工事費用は高額になります。

その費用を勘案したうえで、お客さまが認識できるお店からの距離に応じたポール看板の高さを決めましょう。

また、主要国道などで交通量が多く、2車線以上ある場合には、外側の車線でなく、内側の車線を走行しているときに、お店の存在に気づいても、車線変更が難しく、入店できない場合

があります。

　このような立地にある場合には、お店の1kmくらい手前の道路わきに**野立て看板**を設置することも検討しましょう。深夜の時間帯にも営業する場合などは、照明つきの野立て看板にすると効果があります。

お店の魅力を感じてもらうためには

　お店の存在に気づいても、何のお店かわからなければ入店しません。お客さまは、店名よりも、何を食べさせてくれるのか、そして、どのような食材をどのように提供してくれるのかなどに感心があります。

　したがって、看板はコンセプトを表現するものにすると効果的です。たとえば、「炭火焼き肉の店」「宮崎地鶏の店」「天然本マグロの店」などと看板に表記します。

　お店のコンセプトを看板で伝えるためには、色彩と文字の大きさについても十分に検討しましょう。

　色彩については、大手外食店の看板が大変参考になります。暖色系の色は、食欲を高めるといわれています。

　また、ラーメン店などの看板では黒を使用することが多いですが、これは、頑固に味にこだわる思いを表現しています。

　文字の大きさについては、「お店までの距離÷200」を目安にします。100m手前から見えるためには、1文字の1辺の大きさを50cmにするということです。

入店してもらうためには

　お客さまが初めてのお店に入ることを躊躇するのは、何らかの不安があるからです。たとえば、「どんなメニューが出てく

るのだろう？」「価格はいくらなんだろう？」「店内は、どうなっているのだろう？」といった不安です。

　そこで、店頭の看板では、これらの不安を解消してあげる工夫をします。たとえば、**写真を活用する**のもアイデアです。

　写真は、一目瞭然です。おすすめ料理の写真や店内の写真などを取り入れた看板を店頭に出すと、どのような料理が出るのか、期待する雰囲気のお店なのかをお客さまが理解することができ、不安を解消してくれるはずです。お店が地下にある場合には、店内の写真も絶対に必要です。

　なお、入店してもらうためには、入口はできるだけ明るく華やかにしましょう。入口が暗いと、新規のお客さまにとって不安な気持ちが強くなるからです。

　また、店頭看板にライトを当てれば、入口も明るくなり一石二鳥です。

　お店が、地下にある場合は、可能ならば、1階からおりる壁を使ってお店のストーリーを表現したり、おすすめメニューのこだわりを紹介するポスターを貼っておくのも効果的です。

4-3 魅力的な店内ポスターのつくり方

店内ポスターの掲示で注意すること

　お店の売上を上げるためには、入店客数を増やすことと、客単価を上げることがポイントです。この2つの目的を叶えてくれるのが、**店内の販促ツール**です。

　店内の販促ツールというと、店内ポスターやテーブルの上のPOP広告などが思い浮かぶと思いますが、ここでは、店内の販促ツールとして効果的な「おすすめメニューのポスター」「こだわり食材のポスター」「イベントポスター」「POP広告」「レシート広告」の5つを取り上げ、お店の売上を伸ばす方法をご紹介します。

　その前に、ポスターを店内に掲示するときに気をつけてほしい点があります。それは、窓ガラスや壁などにセロテープなどで直接貼り付ける**「直貼り」はしない**ということです。必ず、ポスターケースなどに入れたうえで掲示するようにしてください。

　また、店内のどの方角からも見えるように、ポスターの数を用意してください。テーブル席がある場合は、たとえば、2人で見えたお客さまが、対面で座っても見えるように、店内ポスターは最低でも2枚は必要になります。

　では、店内の販促ツールを活用するときの5つのポイントについて順にみていきましょう。

おすすめメニューのポスターのポイント

　お店として売りたいメニューや、利益率の高いメニューなどのポスターを店内に掲げましょう。四季に合わせて、旬を取り入れたメニューを掲げるのも効果的です。

　おすすめメニューとキャンペーンを組み合わせたり、**次回のおすすめメニューの予告**を入れたりするのもよいと思います。

　なお、ポスターの大きさは、A1（A4コピー用紙の8倍の大きさ）くらいがいいでしょう。

 ### こだわり食材のポスターのポイント

　食材の安全・安心に対する関心が非常に強くなっています。そのため、食材の産地や生産者を表示するお店が増えてきました。お客さまは、お店の食材に対する考え方・対処のしかたをしっかりとみています。

　そこで、メインの食材へのこだわりや、メニューづくりで安全を心がけていることなどを、店内ポスターで伝えるようにしましょう。

　ランチョンマットなどに告知することも効果的です。

 ### イベントポスターのポイント

　イベントポスターの目的は、**再来店をうながすことです**。

　お客さまに、いつも何かのイベントを企画している元気いっぱいのお店であることを発信し続けることは、重要です。多くのお店のなかから、あなたのお店を選んでもらう必要があるからです。

　では、お店として、どんなイベントを企画して実行すればいいのでしょうか。

日本には、四季に伴うさまざまな行事があり、探せば毎月、何らかのイベントを企画できるはずです。そこで、イベントの年間計画を立ててみましょう。

　たとえば、春・夏・秋・冬の３か月ごとに、その季節の旬の食材を取り入れた大きなイベントを行ない、その他の月は、少し小さめのイベントを行なう形でもいいでしょう。計画に沿った効果のあるイベントを実施し、その結果にもとづいてそのつど調整して必要があれば改善していきます。

　参考のために、あなたのお店で活用できそうな年間イベントをあげておくと、次のとおりです。

【１月】正月、初詣、初売り（福袋）、書き初め、お年玉、新年会、七草、鏡開き、成人の日

【２月】節分・立春、建国記念の日、バレンタインデー

【３月】ひな祭り、ホワイトデー、卒業式、送別会

【４月】入社式、入学式、歓迎会

【５月】こどもの日、母の日

【６月】ジューンブライド、父の日

【７月】七夕、海の日、土用丑の日

【８月】山の日、夏休み、夏祭り

【９月】敬老の日、秋分の日

【10月】体育の日、秋祭り

【11月】七五三、勤労感謝の日

【12月】忘年会、クリスマス

 POP広告のポイント

　これは、テーブル上に置く小さなものですが、実は、客単価

アップのためには効果的なのです。

たとえば、サラダやデザート、アルコール類など、食事のわき役となるサイドオーダーを注文してもらえるように、そのメニューを写真やイラスト入り、しかもカラーで案内するのです。

食事が運ばれるまでの間、ＰＯＰ広告を見てもらうことで追加オーダーを狙うものです。

 レシート広告のポイント

多くのお店で、レシートは、レジプリンターで印字されますが、このレシートには広告掲載のスペースがあります。このスペースを有効に使うと、販促に有効です。

キャンペーンの告知をしたり、割引券として使う方法もあるでしょう。

4-4 メニューづくりで知っておきたいこと

お店の看板メニューづくりのポイント

飲食店においては、**看板メニュー**が重要であることは間違いありません。たとえば、吉野家の牛丼、マクドナルドのハンバーガーのように、商品名で企業がわかるものが看板メニューです。

飲食店で看板メニューをつくる際に、ポイントとなるのは以下のような点です。

①**難しい調理技術を使わない**
　調理技術が難しいと、看板メニューとして、多くの注文に対応できません。

②**人件費がそれほどかからないものを**
　ベテラン調理師でないとできないものではなく、アルバイトの人でも訓練を受ければできるものを。

③**健康食であること**
　時代は、確実に健康食を求めています。

④**伝統食であること**
　長く食べられてきた伝統食のなかにも、看板メニューにできるものがあります。

⑤**地域色のあるものを**
　沖縄料理や北海道料理などは、特に人気です。

メニューの開発方法には3通りある

　メニューの開発は、飲食店として研究を続けなければならない最重要課題です。そこで、メニューの開発でよく使われる3つの方法をご紹介しておきましょう。

①ポピュラーなメニューの差別化
　たとえば、一般のとんかつの大きさは、幅5cm、長さ20cmくらいが一般的です。これを、長さ40cmくらいに差別化して繁盛しているお店があります。
　また、ラーメンのトッピングのチャーシューは、ふつうは薄いものが3枚くらい入っていますが、厚さ1cmくらいでラーメンが見えないくらいのチャーシューを使った人気店もあります。
　これらは、2割、3割増程度では差別化にはなりません。お客さまにインパクトを与える大きさが必要です。
　強烈な感動を受けたお客さまは、この情報を他の人にシェアしてくれるはずです。

②人気の食材同士のコラボ
　ある牛丼店では、数年前から、うな丼を提供するようになりましたが、最近は、牛丼とうな丼を1つにした（丼に牛肉とウナギを乗せた）メニューが人気を集めています。
　また、タンメンが人気のお店には、餃子もあると思いますが、これらのメニューを組み合わせて「タンギョウ」という、新たなメニューを売り出して人気店となっている例があります。

③食材と調理法の工夫
　ローストビーフの専門店で、ロサンゼルスに本店を構えるロ

ーリーズというお店があります。このお店の料理の提供のしかたがユニークです。

まず、お客さまのテーブルの前で野菜サラダをつくってくれます。氷が入ったボウルにサラダを入れ、ドレッシングと混ぜあわせてくれるのです。冷やしながら混ぜる演出は、食材を大切にしている思いがお客さまに伝わると同時に、野菜サラダがすばらしいメニューであると感じられます。

そして、メインのローストビーフは、大きなシルバーのカートで運んできて、お客さまのお好みの大きさにカットして提供してくれます。

ローリーズでは、お店の内装とこの演出で、高級店のイメージを醸し出しています。

開業時のメニューづくりの注意点

まず、メニューには3つの役割があることを覚えておいてください。

①**集客のためのメニュー**
　　牛丼店の並盛や、うどん店の素うどん、ハンバーガーショップの100円バーガーのように客寄せのためのメニューです。
②**原価率が低く利益を生むメニュー**
　　アルコールをはじめとするドリンク類や、粉ものを原料とするメニューです。
③**客単価を上げるメニュー**
　　トッピング、デザートや大盛りなどです。

この3つの役割を念頭に置いて、メニューを考えましょう。

メニューを検討するときには、どうしても原価率が気になることと思います。
　しかし、開業時には、飲食店の常識とされる原価率を無視するくらいの思いでメニューを考えるべきです。利益が出るための計算をしていても、実際にお客さまが来店しなければ、すべての計画は、絵に描いた餅になってしまうからです。
　まずは、来店されるお客さまに喜んでいただけるメニューを考えます。利益を追求するのは、そのあとです。

4-5 割引券の活用のしかた

割引券を配布して利益増になるのか

飲食店の販売促進の方法を考えるときに、まず、思いつくのが**割引券**の活用です。再び来店してもらうために、「10％引き券」「50円割引券」「100円割引券」などを提供するわけです。

しかし、ちょっと待ってください。

割引券は、ただ配布するだけでは、単なる値引き販売になってしまい、利益を圧迫します。そんな結果になってしまう割引券配布なら、提供しないほうがましです。

割引券を配布する場合には、必ず**損益計算**をしてから行ないます。たとえば、月間売上600万円、固定費170万円、変動費率65％のお店で、割引券1万枚の作成費が5万円として損益を計算してみましょう。

まず、このお店の本来の利益を求めます。

利益＝600万円－（170万円＋600万円×65％）＝40万円

次に、10％割引券を配布して売上が5％伸びたとすると、売上の増加額は月27万円です（600万円×5％＝30万円の10％引き）。

627万円－（170万円＋630万円×65％）＝47.5万円

利益＝47.5万円－5万円＝42.5万円

したがって、割引券を配布することによる利益増は2.5万円（42.5万円－40万円）になります。

この2.5万円の利益をどう評価すべきか微妙ですが、ただし、割引券の作成費が7.5万円以上の場合や、売上増がここまで見込めなかった場合には、かえって利益を下げる可能性もあります。

　割引券の配布は、売上を増やす簡単な方法であると思いがちですが、単に配るだけではデメリットもあります。たとえば、比較的多くの頻度で割引券を配っていると、その割引価格が本来の価格であると認識され、本来の価格の維持が難しくなる可能性が大きいのです。

　どんな割引券なら効果的か

　では、割引券は、どのようなときにどのような方法で配ると効果的なのでしょうか。

　一言でいえば、「**新規顧客の獲得**」がポイントです。

　常連客に割引券を配っても、単なる値引き販売になってしまい、前述したように経営を圧迫するだけです。新規顧客の獲得にはつながりません。したがって、割引券は、新しいお客さまを獲得するものにしなければなりません。

　おすすめは、**誕生日用の割引券**です。誕生日に来店された場合には、お客さまにドリンクやデザートなどをサービスで提供し、写真もプレゼントすると喜ばれます。

　この割引券なら、新規客が来店される可能性が高くなります。

　もう1つのおすすめは、ランチ利用のお客さまに対し、夜に友人などと来店した場合に利用できる割引券の提供です。

　やはり、この場合も友人のなかに新規のお客さまが来られる可能性が高いからです。

4-6 常連客の上手なつくり方

常連客にするための段階的な販促活動が必要

　飲食店は、入店客数の増加が経営を続けていくうえで不可欠ですから、そのためにも、常連客が多いことは重要なポイントです。

　当然ですが、最初から常連客はいません。そこで、お店としては、来店されたお客さまが、現在どの段階のお客さまなのかを把握し、その**各段階に応じた販売促進**を行なって常連客に変えていくようにします。

　まだ来店していない潜在顧客から、常連客に変化するまでの各段階における販売促進の方法をあげておくと、以下のとおりです。

①商圏内の潜在顧客

　あなたのお店で想定しているターゲットは、その商圏内にいるはずです。そのターゲットは、まだ来店していないので顧客ではありません。

　この段階では、まずはお店を知ってもらうことを目的とした、「**店舗認知**」販促が必要です。

②見込客

　お店の存在を知ってもらっている見込み客には、入店してもらうことが最も大事なポイントです。

　そこでこの段階では、入店を促すための「**店舗誘導**」販促が

◎常連客になるまでの各段階での販売促進方法◎

❶「店舗認知」販促
　　開業時の折り込みチラシ、食べログ・ぐるなびの活用など

❷「店舗誘導」販促
　　食べログ・ぐるなびの活用、店頭でのチラシ配り、店頭看板など

❸「再来店促進」販促
　　お礼状の活用、ポイントカード

❹「常連客化」販促
　　顧客カードの作成、マイカップサービスの実施、ネット活用による販促など

必要になります。

③新規顧客

　新規に入店されたお客さまに対しては、もう一度入店してもらうことが、常連客になるための大事なポイントになります。新規入店客のなかで、再度入店いただける入店客数は、30％〜50％といわれています。
　この段階では、「再来店促進」販促が最も大事になります。

④再来店客

　再度入店をいただいたお客さまには、より回数を重ねてもら

えるように、「常連客化」販促が必要になります。

　アンケート（次回にデザートやコーヒーサービス付き）などに記入してもらうことで、お客さま情報を取得し、誕生日プレゼント付き案内状の郵送や、スタンプカードによる1品サービス、お店のオリジナルグッズのプレゼントなども考えられます。

　それぞれの段階の具体的な販促方法については、前ページの図を参考にしてください。

5章

開業資金の準備のしかた・融資の受け方

開業資金は多額になります。融資のほか、補助金・助成金も活用しましょう！

5-1
開業資金の準備のしかた

飲食店は多額の開業資金が必要

　飲食店の**開業資金**といっても、どのくらいの金額が必要になるのかは、開業する飲食店の業種・業態によって大きく異なります。また、新規に店舗を建設するのか、テナントで入居するのか、居抜き店舗で開業するのかによっても変わってきます。

　しかし一般的には、飲食店の開業には、大きな金額が必要になります。

　お店のコンセプトづくりから始まって開業計画が具体的になってきたら、いよいよ開業資金を準備しなければなりません。

　開業資金をどのように準備したらいいのか、その方法を検討する前に、まず、開業時にはどのような費用が必要になるのか、みていきましょう。

設備資金として必要になる開業時の費用

　設備資金として必要になる開業時の費用には、以下のものがあります。

①店舗取得費

　店舗を手に入れるための費用です。更地に店舗を建てる場合には、土地を取得する費用と建物を建設する費用がかかります。自宅を改装して店舗にするのであれば、この店舗取得費はかかりません。

初めて飲食店を始める場合、店舗物件を借りて開業するケースがほとんどだと思います。そこで、賃貸で借りる場合に必要となる店舗取得費をあげておくと、以下のとおりです。

【保証金】

　住宅を借りるときの敷金と同じと考えればいいでしょう。ただし、敷金は家賃の2か月分が一般的ですが、店舗を借りるときの保証金は、物件のある地域などによって6か月分から場合によっては20か月分くらいまで必要になります。

【礼金】

　物件の所有者に謝礼金という名目で支払う一時金で、家賃1か月分程度が一般的です。

　なお、礼金は関東では一般的ですが、礼金を取る慣習のない地域もあります。

【仲介手数料】

　不動産屋さんに支払う手数料で、家賃の1か月分程度が相場です。

【造作譲渡料】

　元の飲食店の居抜き物件に残されている内装・厨房機器をそのまま買う場合に必要となる費用です。造作譲渡料は、物件の大家さんと結ぶ賃貸借契約とは別に、その大家さんから借りてお店を経営していた人との間で賃貸借契約を結んで支払います。

【空家賃】

　開業するためには、店舗物件の賃貸借契約を済ませてから、内装工事に入りますが、この工事の期間中も、一般的には家賃が発生します。これを「空家賃（からやちん）」といいますが、空家賃を少なくするため、契約と同時に工事に着工できるように、準備を進めておく必要があります。

　なお、可能性は低いかもしれませんが、空家賃を無料にして

もらう交渉もしてみましょう。

②内装工事費

店舗に仕上げるための費用ですが、業種・業態によって大きく異なります。一概にはいえませんが、おおよそ1坪あたり40万〜80万円くらいは覚悟しておきましょう。20〜30坪の店舗だと、1,000万円〜2,000万円程度は準備しておく必要があります。

居抜き店舗の利用で、一部の手直しだけで済ませられる場合は、かなり安く抑えることも可能でしょう。

③設備費

業務用冷蔵庫、食器洗浄機、冷暖房設備などの購入・設置費用です。数十万円から数百万円はかかるので、中古機器の利用も検討しましょう。最近では、新品でも値引きして販売されることもあるようです。

④備品代

食器類およびパソコンなどの事務機器などの購入費用です。

食器類などは、お店の規模や業種によって用意する種類や数が変わります。数十万円から200万円くらいは見込んでおいたほうがよいでしょう。

運転資金として必要になる開業時の費用

開業時には、運転資金として以下の費用も必要になります。

①食材仕入代

開店に備えて、アルコール類などの飲み物を仕入れます。さらに、開業前の研修やプレオープンなどに使う食材も仕入れて

おく必要があります。

②従業員採用教育代
従業員を採用する場合には、募集・採用費用がかかりますし、接客などに関する教育費用が必要になります。

③広告宣伝費
開店に際して、口コミなどに頼る場合は、広告費はかかりませんが、新聞の折り込みチラシなどで宣伝する場合は、その費用が必要になります。

なお、開店後にかかる費用についても、ある程度は開業時に準備しておく必要があります。開店後に必要になる費用の目安については、84ページにあげておきましたが、売上対比の割合からだいたいの金額を計算してみてください。

開業資金はどのように準備するか

以上のように、飲食店を開業するためには、大きな金額の開業資金が必要になります。

では、この開業資金をどのように準備したらよいのか、ということになりますが、順を追って資金調達の方法を説明すると、以下のようになります。

①まず自己資金から
開業資金は、すべて自己資金でまかなうことが理想です。

しかし、必要資金の大きさにもよりますが、全額を自己資金だけで準備するには、長い年月が必要になるはずです。商品のライフサイクルが短くなった現在では、自己資金が準備できた

ときには、計画していた料理のトレンドがすっかり変わっていたということにもなりかねません。

実際には、ある程度の自己資金が用意できたら、借入れを検討すべきでしょう。

②次に、親族からの借入れを検討する

お金の相談ができる親族として一番先に考えられるのは親ではないでしょうか。数百万円くらいまででしたら、親が協力してくれる可能性はあるでしょう。

③最後に、金融機関等からの借入れを検討する

飲食店を開業するほとんどの人が、ある程度の自己資金を準備したうえで、金融機関等から融資を受けています。

しかし、どの金融機関でも積極的に融資してくれるわけではありません。

たとえば、あなたがよく利用している銀行や信用金庫などに融資の相談に行くと、「一度、決算を行なってから、決算書をもって相談にきてください」といわれてしまいます。創業に対しては、なかなか融資はしてくれません。

新規の創業融資にも積極的に相談に乗ってくれるのが、日本政策金融金庫と各自治体の制度融資です。

そこで、それらの融資制度について次項からみていきましょう。

5-2 日本政策金融公庫の融資制度の活用

日本政策金融公庫とは

　日本政策金融公庫は、国の政策に則り、低利の固定金利で長期の融資制度を提供していることが特色です。

　日本政策金融公庫ではさまざまな融資制度が用意されていますが、無担保・無保証人で利用できる「**新創業融資制度**」が最もよく利用されています。

新創業融資制度の利用のしかた

　融資額、利率の詳細については、日本政策金融公庫のホームページで最新の情報を確認していただきたいのですが、融資制度の概略をあげておくと以下のとおりです。

●基準の自己資金が必要

　融資を申し込む際の高いハードルとなっているのが「自己資金」の要件です。事業開始前、または事業開始後で税務申告を終えていない場合は、「**創業資金総額の10分の1以上の自己資金**」が必要になるのです。

　新創業融資制度の無担保・無保証の融資限度額は3,000万円となっていますが、たとえばあなたが開業時に提供できる自己資金が100万円しかなければ、1,000万円しか借りられません。

　この場合、親族や友人などからお金を借りて自分の通帳に預け入れ、一時的に自己資金を増やして融資額も増額するようにしたとします。

ところが、こうして見せかけの自己資金を増やしても、日本政策金融公庫の調査の段階で、不自然なお金の動きについては、簡単に見破られてしまうのです。

飲食店の開業を志したら、早いうちから計画的に貯蓄していきましょう。

融資を受ける手続きはどうなっているか

新創業融資制度を利用して融資を受けるには、申込みから実行にいたるまで約1か月かかります。したがって、実際に資金が必要となる日の2か月前には、申込みの準備を始めるようにしましょう。

融資を受ける手続きの流れは、以下のとおりです。

①**申込書に記入する**

日本政策金融公庫の融資を受ける手続きは、公庫が用意した借入申込書や創業計画書などに記入することから始まります。

この書類は、最寄りの公庫へ取りに行くか、インターネットで公庫のサイトからダウンロードすれば入手できます。記入例もあわせてダウンロードするとよいでしょう。

②**借入れを申し込む**

融資を申し込む際には、借入申込書のほかに、次の書類の提出が必要になります。
- 創業計画書
- 設備資金を申し込む場合はその見積書

法人として融資を受ける場合には、履歴事項全部証明書の提出も必要です。

③面談の準備

融資の申込みを行なうと、日本政策金融公庫から面談日のお知らせが郵送されてきます。また、面談日に持参するものも指示されますが、持参が必要となる主な書類等は以下のとおりです。

- 勤務時の源泉徴収票
- 預金通帳（普通預金・定期預金・積立預金とも）
- 住宅ローンを利用している場合は支払明細表
- 不動産の賃貸（予約）契約書または賃貸物件の説明書
- 運転免許証

融資をスムーズに受けるためには、面談までの準備が大切です。指示された書類を準備することはもちろんのこと、特に次の点に注意しましょう。

> ●税金の未納や滞納があったらすべて納付しておく
> 　申込時点で納付しておくべき税金はすべて支払っておきましょう。

④面談の実施

日本政策金融公庫の面談の一番の目的は、人物を見ることです。1時間〜1時間半くらいの面談で、あなたが「経営者としての資質があり、借りたお金を返済日に遅れずに最後まで完全に返済してくれる人か否か」を評価するわけです。

そこで、面談の際のあなたの基本姿勢は、**質問されたことに、誠実に答えること**、ということになります。たとえば、以下の点には十分に気をつけてください。

【事業に関する質問について】
●根拠のない自信過剰はＮＧ
　事業の問題点や弱み、競合他社からの脅威を把握していないと評価されるからです。
●消極的でもいけない
　お金を貸す側から見れば、自信のない経営者に融資をするのは、不安になります。事業を取り巻く環境を把握したうえでの、しっかりとした事業計画をもとに、積極的な経営をしていくことを示しましょう。
●事業のすべてを統括できなければいけない
　経験豊富な従業員を採用して開業する場合に、「優秀な従業員に任せますので安心です」と答えたら評価はぐっと下がります。経営のすべてを、あなたが管理することを強調してください。

【家庭に関する質問について】
　面談では、家族のことをはじめ、プライベートに関する質問をされることもあります。あなたの人物像を把握するための質問ですから、やはり誠実に答えるようにしましょう。

⑤審査の実施
　提出した書類と面談をもとに、融資の可否について審査されます。
　また、創業計画書には、創業の動機、経営者の略歴、事業の見通し、必要な資金などが記載されているので、この内容から、開始する事業で確実に収益をあげられるのか、そして、その収益から確実に返済できる計画であるのかが確認されます。
　これらの点について、日本政策金融公庫に理解してもらうに

は、創業計画書だけでは情報提供が十分とはいえないので、創業計画書の補完として事業計画書を準備し、事業に関するスキルや売上の達成の確実性などの十分な情報提供をすることは大変有効です。

　また、提出した預金通帳などから、各種支払いが毎月遅れることなく支払われているのかについても確認されます。確認されるのは最近1年くらいの期間についてなので、融資を申し込もうと計画したら、その後1年程度は、各種支払いが遅れないように特に注意しましょう。

⑥融資の実行

　融資OKとなれば、指定した口座に、融資金額が振り込まれます。

5-3 自治体の融資制度の活用

自治体が直接貸してくれるわけではない

　自治体の融資は、各自治体が直接融資を行なうわけではなく、**自治体、信用保証協会、金融機関の三者が協力をして**、中小企業の資金調達の円滑化を図ろうとする制度です。
　この三者は、それぞれ次にあげる機能をもっています。

> ● **自治体**…金融機関に一定の資金を預託して中小企業への融資の条件を有利にするようにします。また、利子補給などを行ない、中小企業の利子負担を軽減します。さらに、自治体によっては、信用保証協会の保証料を一部負担してくれる場合があります。
>
> ● **信用保証協会**…融資の債務を保証します。この融資制度は、信用保証協会の保証を受けることができると、おおかた融資が実行されます。
>
> ● **金融機関**…信用保証協会の保証が決定された案件を審査して融資を実行します。

自治体融資制度の手続きの流れ

　自治体の融資制度を利用する場合の具体的な手続きの流れは次のとおりです。

①自治体に斡旋の申込みを行ない、審査が通ると、紹介状がもらえる。
②この紹介状を持って指定金融機関に出向き、融資の申込みを行なう。
③金融機関経由で信用保証協会に、保証の申込みが行なわれる。
④その後、信用保証協会の担当者と面接を行なう。
⑤信用保証協会の保証が決定された場合は、金融機関の審査を通り融資が実行される。

　自治体の融資制度は、日本政策金融公庫の新創業融資制度とは異なり、3つの機関の協力による融資制度のため、各機関での審査があり、融資実行までに90日程度かかることもあるので、日数に余裕をもって申し込むようにしてください。

都道府県と市区町村の融資制度がある

　自治体の融資制度には、都道府県の融資制度と市区町村の融資制度があります。

①都道府県の融資制度

　都道府県の融資制度は自治体によって条件が多少異なっていますし、同じ自治体でも年度によって制度が拡充・変更される場合があるので、詳細は各自治体のホームページなどで最新情報を確認してください。
　たとえば、東京都の融資制度は、日本政策金融公庫の新創業融資制度にあるような自己資金の要件はありません。また、平成27年度より信用保証協会による保証料に対し、東京都が2分

の1を負担する制度に拡充されています。

　なお、東京都以外の自治体の融資制度では、「全体の事業資金の2分の1の自己資金が必要」等の条件が付されていることもあるので注意してください。

②市区町村の融資制度

　各市区町村により、また、年度により、制度が拡充・変更されている場合があります。詳細については、融資を受ける予定の市区町村のホームページなどで最新の情報を確認してください。

5-4 補助金・助成金制度の活用も考えよう

補助金と助成金の違いは何か

融資を受けたら当然、返済をしなければなりませんが、補助金・助成金は返済不要です。

補助金、助成金ともに、会社経営のサポートをしてくれる返済不要の制度ですが、次のような違いがあります。

①補助金

補助金は受付期間が決まっていて、この受付期間内に応募しなければなりません。受付期間は、数週間であったり、数日であったり、とにかく非常に短いので要注意です。

また、予算枠が決まっているので、申請者全員が受給できるわけではありません。たとえ要件を満たしていても、申請者を対象に審査が行なわれ、審査に通らなければ補助金を獲得することはできません。

「創業補助金」「小規模事業者持続化補助金」などがあります。

②助成金

助成金には、受付期間の制限はありません。また、基準を満たせば、原則として全員が受給できます。

「キャリアアップ助成金」をはじめ多くの助成金があります。

補助金・助成金を申請する際の注意点

補助金や助成金を申請する際には次の点に注意しましょう。

①補助金・助成金は資金繰りに組み込まないこと

　特に、補助金は、申請者全員が受給できるものではありませんし、申請者が増えれば審査での合格率も下がります。

　また、多くの補助金・助成金が国の予算で決定される関係から、その年に希望する制度があるかどうかは正式な発表があるまでわかりません。

②補助金・助成金は後払い

　補助金・助成金の種類によって違いはありますが、家賃、人件費、広告宣伝費など使った経費に対して、補助金等が支給されます。ただし、実際に入金になるのは、支出してから6か月後とか1年後です。この後払いである点が、融資などとは大きく異なります。

③必要以上の経費を使わないこと

　補助金・助成金は返済不要ということで、不要不急なものを購入することのないように注意してください。

　なお、人件費、家賃などは長く払い続ける経費ですが、補助金・助成金による援助は、決められた期間だけが対象です。

　いずれにしても、補助金・助成金には、非常にたくさんの種類がありますが、どんな補助金・助成金制度があるのかを知らないと利用することはできません。

　飲食店の開業をめざすなら、たくさんのメリットがある補助金・助成金制度についての最新情報を入手しつつ、申請する際の注意点を忘れずに活用していただきたいと思います。

6章

従業員の採用のしかた

繁盛店にするためにはスタッフの協力が欠かせません。採用・育成のコツをみていきましょう！

6-1
従業員の募集・採用の前に知っておきたいこと

飲食店は敬遠されがちな職種だが…

　飲食店は、人材不足の業種だとよくいわれます。サービス業のため、土曜・日曜・祭日や夜間の勤務などもあるし、そのうえ立ち仕事ということもあり、敬遠されてしまう職種かもしれません。

　実際、毎週のように求人広告を出しているお店がある一方で、従業員が長期間定着していて採用であまり苦労しないお店もあります。

　求人広告を頻繁に出しているお店は、一度、自分のお店を客観的にチェックしてほしいと思います。チェックする点は、自分のお店は果たして、従業員が定着できる職場環境にあるかどうかということです。お店に魅力がなければ、せっかく採用しても長く勤めることにはならないでしょう。

　そうなると、ひたすら、採用活動を続けなければお店を運営できない、ということになってしまうのです。

採用活動の前に心がけてほしいこと

　従業員を採用する前に、まずは、従業員の働きたい職場環境をつくることが必要です。職場環境が整っていなければ、従業員は定着しません。従業員が定着しなければ、お客さまに満足なサービスを提供することもできません。

　では、従業員が定着する職場環境とは、どのような環境なのでしょうか。

まず、**お店の理念**があることです。その理念を実現するために、従業員の行動指針となるお店のルールが決められているはずです。

　また、お店の運営マニュアルや管理マニュアルを整え、**スタッフのスキルアップのための基準**といったものがあることもポイントです。

　さらには、この基準書にもとづくスキルアップに連動する賃金体系がつくられていることも大切でしょう。

　こう書くと、堅苦しく感じるかもしれませんが、スキルアップするための基準書があることによって、短期間で効率的に従業員をレベルアップさせることが可能になるのです。

　従業員にとっても、自分自身の目標を設定しやすくなり、達成感を得ることのできるしくみができあがるわけです。

　このような職場環境が整っていないお店では、新人は先輩の働き方を見て仕事を覚えるという旧態依然の方法がとられています。これでは従業員が長続きするわけがありません。

　実際にお客さまと接するのはスタッフです。従業員を採用する場合には、**長期間働いてお店の売上を伸ばしてくれる人材を採用する**ことが大切です。人材の採用・育成は、飲食店経営にとって大事な仕事です。

6-2 従業員の募集・採用のしかた

募集のしかたにはいろいろある

　従業員の採用のしかたには、いろいろな方法があります。

　どのような業種のお店なのか、何歳ぐらいの人を採用したいのか、採用するのは正社員なのかアルバイトなのか、また、何人採用するのかによって、採用方法も違ってきます。

　そこで、採用するための具体的な募集方法をいくつか紹介しておきましょう。

①家族やお客さまからの紹介

　経歴も確かにわかり、採用のための費用がかからないという点でありがたいのですが、紹介ということで、採用してから何か問題があっても、注意しづらいという懸念があります。

　そのため、もし採用する場合には、面接の段階で、お店の理念や方針などをしっかりと説明したうえで、働くことができるかどうかお互いに納得・確認しあうことが必要です。

　紹介された人を採用した場合、仮に解雇に該当するような問題が発生しても、それを申し渡すのはかなり困難となることに留意すべきです。

②従業員からの紹介

　従業員から紹介してもらうのは、歓迎すべきことです。というのも、従業員が友人を紹介するということは、その従業員自身がお店を好きでなければできないからです。

紹介された友人も、従業員からお店の様子や待遇などを聞いたうえで応募するのでしょうから、採用後に、予想と現実が違っていたといった不満も生じにくいと思います。
　ただし、紹介した従業員が辞めたくなった場合に、紹介してくれた従業員も一緒に辞めてしまう可能性があることに留意しておいたほうがいいでしょう。

③ハローワークによる募集

　求人費用がかからない点が魅力ですが、ハローワークの基準にしたがって募集書類を作成するため、お店の求める応募者像を十分に表現できない可能性があります。
　そのため、お店の期待とは違った応募者の対応に時間を取られる懸念があります。

④新聞の折り込み広告による募集

　お店周辺の主婦を採用したいときには、効果的です。氏名、住所、電話番号、年齢など必要事項を記入できる受付簿を用意して電話を受けるようにしましょう。
　なお、新聞折込日の午前中に応募してくる人は、働く意欲が高いと考えられます。新聞折込日の翌日までなら、働く意欲に問題はないでしょう。しかし、2日後以降にかかってくる電話は、他との掛け持ちの応募だったり、他で不採用になって応募してきた可能性も考えられます。

⑤求人雑誌による募集

　20代など若い人を採用したいときや、多くの人数を採用する場合には有効な方法です。
　求人雑誌は、広告の記載内容次第で、応募者数には大きな違

いが生じてきます。そのため、広告には、職場環境のよさやスタッフの楽しそうな雰囲気などもしっかりと表現するようにしましょう。キャリアアップの方法なども記載して、お店の求める人材像を明確に表現できるといいですね。

⑥大学や専門学校の掲示板による募集

お店が、大学や専門学校などの近くにある場合には、効果的な方法です。

大学生を採用する場合には、1年生を採用できると、卒業まで働いてもらえるので理想的です。ただし、学生の場合、テスト期間中等は休みを取られることに注意が必要です。

募集から開店までの流れ

店舗は完成したけれど、必要な人数の従業員が採用できないために開店できないというケースがあります。決してまれなことではありません。

こうした事態にならないようにするために、十分な期間を確保して、従業員の募集を開始します。

そこで、募集から開店までの一般的なタイムスケジュールを紹介しておきましょう。業種などの違いによりこの期間は大きく異なってくるので、あくまでも目安として参考にしてください。

①募集

10人以上のアルバイトを採用する場合には、開店予定日の**2か月前**には、採用活動を開始します。求人広告を出す場合には、掲載記事の打ち合わせなどが必要になりますから、打ち合わせにさらに1か月ほどは余分に時間を見込んでおきましょう。

求人広告は、開店2か月前には掲載します。1回の求人で必要人数を採用できるとは限らないので、新規にオープンする場合は、最初から2〜3回の掲載を予約しておくべきです。

②面接

　求人広告を行なった場合の面接日は、掲載日の3日後に設定します。掲載後2日以内に電話をくれた働く意欲の高い応募者を、他社に取られる前に面接するためです。

　掲載日が日曜日であれば、水曜日に面接しましょう。面接は、人数にもよりますが、1人30分程度を目安に1日で終わらせます。再度、面接が必要な場合は、1回目の面接が水曜日なら、2回目の面接は金曜日か土曜日に行ないます。

　なお、平日だと来られない人もいるため、土曜日か日曜日を面接日とすることも考えておきましょう。

③採否連絡

　面接の結果は、即決するのはやめましょう。面接の場でぜひ採用したいなと思っても、採否の連絡は翌日に行ないます。即決すると、採用に重みが感じられないからです。応募者から翌日早々に断わってくるケースも考えられます。

　採用候補者が多数いる場合には、採用したい人から順に連絡します。採用決定の連絡をして応募者から断わられたら、次の順位の人に連絡するといった具合です。もちろん、採用予定人数に達したら、その後の人には不採用通知の連絡ということになります。

　採否の連絡は、必ず本人に直接電話します。応募者の家族が電話に出ても、採用・不採用の結果を伝えてはいけません。

　本人が電話に出た場合には、採用の意思を伝えたうえで、契

約日時と契約時に持参してほしい書類についてしっかりと伝えましょう。

④雇用契約

契約日には、お店の理念や勤務形態、給与等の待遇などについて説明したうえで、雇用契約書の内容を読みながら確認し、記名押印してもらいます。

契約が終わったら、開店に向けての研修などのスケジュールを伝え、ユニフォームや靴が必要な場合にはサイズを確認してオープンに備えます。

⑤研修

10人以上のスタッフを採用した場合、研修開始は開店1か月ほど前を目安にします。数人のスタッフの場合には、開店1週間前くらいでいいでしょう。採用が1人の場合であっても、必ず1日は研修してください。

なお、何回かに分けて実施する場合、最初のグループのなかでセンスのあるスタッフが見つかったら、この人を、2回目以降の研修の際に、店長の補助スタッフとして参加させるのもよいでしょう。

研修では、開店前の数日を使って、スタッフがお客さま役と店員役になって接客のロールプレイングを行ないます。

⑥開店

いよいよ開店日です。大変緊張すると思いますが、開店日を乗り越えられれば、それ以降、従業員のレベルアップは確実なものになっていくでしょう。

6-3 面接の上手なすすめ方

 面接実施前の準備は万全に

　面接は、面接者からみれば、応募者を採用するかどうかを判断するための機会ですが、一方、応募者からみれば、自分が活躍できるお店なのかどうかを判断する機会でもあります。

　応募者は今後、お店をお客さまとして利用する可能性があることを認識し、丁寧な対応をしましょう。また、下図にあげた書類を準備して面接しましょう。

◎面接の際に準備するもの◎

● **面接カード**
　住所、氏名、生年月日、連絡先の電話番号、勤務可能な曜日と時間、希望収入額、性格、趣味などを応募者に記入してもらいます。

● **面接表**
　応募者名、勤務可能な曜日と時間、毎月の勤務希望日数、希望収入額、勤務開始可能日、応募動機、そして声の大きさや協調性などを、面接時に面接者が記入していきます。

● **就業規則等**
　始業・終業時刻や労働時間、休日・休暇、賃金制度などを説明する際に使います。

面接で応募者の何を見るか

面接するときは、特に以下の4つの点についてチェックします。

①職場のルールを守れるか

仕事をスムーズに進めてもらうためには、決められたルールをきちんと守ってもらわなければなりません。

この点を確認する方法としては、まず、面接時間に遅れずに来たか、ということと、面接時に記入してもらった「面接カード」の記載内容を見ればほぼわかります。

そのためにも、面接申込みの電話を受けたときは、面接時間は「○時○○分から」ときっちり伝えましょう。「○時○○分頃にお願いします」といったあいまいな表現はよくありません。職場のルールを守れない人は、正確な時間に来社できないものです。

また、「面接カード」を見て、決められた場所に指示された内容を記入している人はルールを守れる人です。

②コミュニケーションがとれるか

どんな仕事でも、コミュニケーション能力は大切ですが、特に飲食店においては重要です。お客さまと問題なくコミュニケーションをとることはもちろん、他のスタッフとも上手にコミュニケーションをとってもらわなければいけません。

この能力を見るには、面接時に「はい」「いいえ」以外で答えてもらう質問をいくつか聞いてみることです。

このときに、話がかみ合っていなかったり、質問内容と違うことを答えるようだと、仕事にも支障をきたすだろうと判断で

きます。

　以上の①と②は、面接するうえで不可欠なポイントです。

③お店のスタッフとの相性はどうか

　長期で働いてもらうためには、店長やスタッフとの相性がどうかということも重要なポイントです。従業員の退職理由で多いのは、やはり人間関係です。

　店長との相性については、店長が面接すればすぐにわかります。また、一緒に働くことになるスタッフが決まっている場合には、その人も面接に同席したほうがいいです。

④働く目的はしっかりしているか

　どんな仕事でも、楽しいことばかりではありません。特に、接客サービスにおいては、ストレスを受けやすいものです。

　しかし、働く目的に対する思いが強ければ、ストレスは乗り越えられるはずです。

　たとえば、若い人であれば、結婚資金を貯めたいとか、趣味のバイクを買いたいとか、主婦であれば、家計の足しにしたいなど、働く目的は人それぞれでしょうが、目的があればしっかりと働いてくれると思います。

面接する際に注意してほしいこと

　まず、応募者にはできるだけ**リラックスしてもらうように心**がけましょう。

　面接では、決められた時間内で、応募者の性格やお店との相性まで見きわめなければならず、お店の雇用条件なども正確に伝えなければなりません。

　面接者としての経験がないと、面接担当者自身が緊張してし

まい、応募者まで緊張させてしまいます。双方が緊張していたのでは、採否の正しい判断が難しくなります。

応募者の関心のありそうなことなども話題にして、リラックスさせてあげましょう。

2つめの注意点は、**面接者だけが一方的に話すのは避けてほしい**ということです。

面接とはいいながら、つい面接者だけが話をして、応募者はただ「はい」「いいえ」と答えるだけというケースがけっこう多いのです。これでは、応募者の考えていることがよくわからず、面接した意味もありません。

3つめの注意点は、面接はグループではなく**個別に行なったほうがよい**、ということです。

面接対象者が多い場合には、数名ずつ一緒に面接してしまいたいと思うときがあるかもしれません。しかし、その場合でも、面接は、1人ずつ個別に行ないましょう。何人かを一緒に面接するのでは、個人的な事情など聞くことができないし、応募者のほうも話しづらいからです。

面接に呼んだ人全員を採用するつもりである場合を除いて、面接は、必ず個別に行なうようにしましょう。

6-4 契約前に必ず伝えておくべきこととは

なぜ、すぐ辞める従業員がいるのか

　筆者が関わった多くの飲食店のオーナーから、「従業員がすぐに辞めてしまう」という声をよく聞きます。

　従業員がすぐ辞めてしまうようなお店は、従業員を受け入れる魅力に乏しく、経営のしくみもしっかりできていない場合が多いものです。

　雇用契約を結ぶ前には、お店の思いをしっかりと伝え、その思いを実現するためのスタッフとしての仕事と守るべきルールを説明し、その報酬として支払われる賃金などの条件についても必ず伝えて、最終確認をしてもらうことが大切です。

　この確認の段階で、採用の決定に応じるかどうか気持ちがあやふやな応募者は、採用を辞退するかもしれませんが、勤めても長くはなかったはずというふうに考えておきましょう。

お店の理念をきちんと伝える

　お店の理念については、特に明文化していないというお店も多いかもしれません。もちろん、お店の理念が定めてあるからといって、すぐに売上が伸びるわけでもありません。

　しかし、逆にお店の理念がないと、開業しても目先の数字に目が奪われがちになります。日々の売上や利益に一喜一憂してしまうのです。

　そうすると、売上を伸ばすことにのみ目が向き、値下げ競争に巻き込まれて、結果として売上は低下してしまうということ

にもなりかねません。

お店の理念には、**飲食店を開業した熱い思いや営業を通じて貢献したいテーマ**などを掲げます。

たとえば、「すべてのお客さまに有機野菜のおいしさを伝える」とか「すべてのお客さまを幸せにする」「従業員の独立を本気で応援する」などです。

従業員もこの理念をもとに行動することで、食事を提供するだけのサービスにとどまらず、食事をする環境を含めた無形のサービスまでも提供することができます。この無形のサービスは、お客さまにもしっかりと伝わるものなのです。

老舗といわれるお店は、みな理念をもった経営をしています。理念をしっかりと定めているお店は、長期的な視点に立って経営判断を行なうので、営業が長続きするわけです。

このような理念を、採用した従業員にしっかりと伝えることは、従業員にとっても、**誇りをもって働く意欲**が生まれ、長くお店に定着することにつながります。

お店を開業する際には、理念を定めて文書にし、従業員にしっかりと伝えるようにしましょう。

キャリアアップのしくみをつくっておく

従業員は、いろいろな目的をもって働きます。従業員の仕事に対する思いは、人それぞれですが、その目標の最も高いレベルは、「**自己実現**」ではないでしょうか。

そこで、従業員に対しては、働くことで自己実現できるしくみをつくっておくことが大切です。

たとえば、ランクに応じた業務内容と、その業務に連動した賃金額のランクアップ表などを作成しておくと効果的です。

「ハウスルール」を定めておく

　複数の人が仕事をする場合には、職場のルールというものが必要になります。「ハウスルール」と言い換えてもいいでしょう。そのハウスルールは、お店の実情に合ったもので、従業員がスムーズに仕事ができるようにつくられたものでなければ意味がありません。

　ハウスルールは、誰もが理解できる内容にし、お店の状況に変化が生じたときには、改善していくようにします。

　ハウスルールには、次のような内容を織り込むとよいでしょう。

- お店の理念
- 仕事に対する考え方の指針
- 出勤時に行なうべきことの流れ
- ユニフォームの着方
- 身だしなみのルール
- 挨拶のしかた
- 休憩時間の使い方
- 退勤時に行なうべきことの流れ
- 遅刻や有休をとるときの報告のしかた　など

　これらは、開業前に伝えておくべきことです。特に、身だしなみについては、きちんと明示する必要があります。たとえば、男性従業員の身だしなみについて、長髪不可としていたところ、採用を辞退したというケースもあるので、契約前に伝えておいたほうがいいのです。

就業規則を作成しておこう

「就業規則」とは、従業員の勤務時間および休日・休暇についてや、有給休暇の取得できる日数などの勤務条件がしっかりと定められたものです。また、解雇する場合には、その事由も記載されています。

このように、就業規則には、従業員の権利とともに義務についても記載されていますから、雇用する側にとっては、従業員とのトラブルを未然に防ぐ効用があります。

原則として就業規則は、従業員が10人以上いる場合に作成し、労働基準監督署へ提出することが義務づけられています。

つまり、従業員が10人未満なら、就業規則の作成義務はないわけですが、だからといって作成しなくてもかまわないのだと考えずに、1人でも従業員を雇ったら、就業規則を作成しましょう（労基署には届け出なくてもかまいません）。

雇用する側も雇用される側も、守るべき義務と権利を文書で確認しておけば、イザというときにもトラブルにならずにすみます。

6-5 雇用契約書の結び方

雇用契約書に明示する事項とは

　採用が決まったら、その従業員と**雇用契約**を結ばなければなりません。

　雇用契約を結んでおけば、従業員は雇用条件に納得したうえで安心して働けますし、雇用する側も、従業員との約束事がはっきりし、安心して仕事をしてもらうことができます。

　雇用契約を結ぶ際には、「書面を交付して明示しなければならない事項」と、口頭でもいいけれど、「定めているのであれば明示しなければならない事項」があります。

【書面の交付による明示事項】
①労働契約の期間に関すること
②期間の定めのある労働契約を更新する場合の基準に関する事項
③就業場所、従事すべき業務に関すること
④始業・終業の時刻、所定労働時間を超える労働の有無、休憩時間、休日、休暇、交替制勤務制の場合の交代について
⑤賃金の決定、計算・支払いの方法、賃金の締切・支払いの時期、昇給に関すること
⑥退職・解雇に関すること

【口頭による明示でもよい事項】
①退職手当の定めが適用される労働者の範囲、退職手当の決定、

計算・支払いの方法、退職手当の支払いの時期に関すること
②臨時に支払われる賃金（退職手当を除く）、賞与、賞与に準ずる賃金、最低賃金に関すること
③労働者の負担となる食費、作業用品などに関すること
④安全・衛生に関すること
⑤職業訓練に関すること
⑥災害補償、業務外の傷病扶助に関すること
⑦表彰、制裁に関すること
⑧休職に関すること

　実際には、明示の必要がある事項の多くが就業規則の必要記載事項に含まれているので、必要記載事項を満たした就業規則を作成して従業員に交付しておけば、あとは就業規則に記載がない事項について雇用契約書に記載しておくことで、明示事項を網羅した契約をすることができます。

飲食店の場合の雇用契約書の注意点

　雇用契約書に明示する「従事すべき業務の内容」については、飲食店の場合、「調理および調理補助」と記載すると思います。しかし、これでは、飲食店にとって大事である清掃業務が入っていません。
　最近、従業員は契約条件に対してシビアになってきているので、この記載のしかただと、清掃を指示したときに「そのような業務は契約していません」と拒否される可能性があります。
　このようなことを未然に防ぐためには、「調理、調理補助およびその他の業務」と記載しておき、雇用契約を結ぶ際にも説明しておきましょう。

7章

開業するときに必要な許可申請のしかた

保健所の営業許可がなければ、オープンできません。そのやり方を確認しておきましょう!

7-1 開業するためには営業許可が必要になる

営業許可にはどんなものがあるか

　飲食店を開業するためには、各都道府県の保健所の**営業許可**が必要です。お店が完成し、開業の準備が整っても、営業許可を受けていなければ開店することはできないので注意が必要です。

　営業許可を受けるためには、必要となる資格があります。お店の開業準備と並行して、営業開始に必要な資格を確認したうえで、その資格を取得するようにしてください。

　開業に必要な営業許可は、飲食店の種類によって異なります。

　レストランなのか、喫茶店か、居酒屋か、パン屋さんか、ケーキ屋さんか…などによって、必要となる手続きが異なるわけです。

　たとえば、ラーメン店やレストランなどを開業するためには、「**飲食店営業**」の許可が必要になり、喫茶店などを開業するためには「**喫茶店営業**」の許可が必要になります。

　ところが、ランチなどを提供するカフェなどの開業には、「喫茶店営業」ではなく「飲食店営業」の許可が必要になります。これは、コーヒーだけではなく食事を提供するからです。

お酒を提供するためには許可が必要？

　居酒屋を営業する場合や、居酒屋以外の飲食店でもお酒を提供する場合は、必ずしも特別な許可が必要になるわけではあり

ません。

　24時間営業のレストランやラーメン店などで酒類を提供している場合でも、ビールや日本酒などの**お酒類の提供がメインでなければ**、「飲食店営業」の許可のみで問題はありません。

　一方、お酒の提供がメインの居酒屋などで、深夜0時以降も営業する場合には、保健所からの「飲食店営業」の許可に加え、警察署へ「深夜における酒類提供飲食店営業」の届出が必要になります。

 営業許可を受ける際に必要な資格とは

　飲食店の営業を始めるための営業許可を受けるために必要となる一定の資格が決められています。

　そのため、調理師資格をもっていないと飲食店は開業できないのだろうか、と疑問をもたれるかもしれません。そこで、飲食店開業に必要となる資格について次項で説明します。

7-2 飲食店開業の際に必要となる資格

 ### 調理師免許は必要ない

飲食店を開業するためには、**食品衛生責任者**の選任が必要になります。また、お店の収容人数が従業員を含めて30人以上となる場合には、**防火管理者**も選任しなければなりません。

一方、**調理師免許**については、絶対に必要というわけではありません。意外に思うかもしれませんが、調理師の資格がなくても飲食店を開業することはできるのです。

したがって、飲食店開業に絶対に必要な資格は、食品衛生責任者ということになります。

 ### 食品衛生責任者になるにはどうしたらいい？

食品衛生責任者の資格は、一定の資格をもっている人には自動的に与えられます。調理師や栄養士、製菓衛生士、食鳥処理衛生管理者、船舶料理士などの資格をもっていれば、申請するだけで、食品衛生責任者になることができるのです。

これらの資格をもっていない場合には、各都道府県の食品衛生協会が実施する**食品衛生責任者養成講習会**を受講すれば、食品衛生責任者の資格を取得することができます。

たとえば東京都の場合には、一般社団法人東京都食品衛生協会が食品衛生責任者養成講習会を実施しているので、日程や講習会場などを確認して受講するようにしてください。講習は1日ですみます。ちなみに、この講習は、どの都道府県で受講し

ても有効です。東京で開業するから、東京で許可を得なければならないというわけではありません。

東京都の場合の講習会の概略についてあげておくと、以下のとおりです。

【講習内容】

午前9時45分から午後4時30分までの6時間（昼休み：12時45分〜13時30分の45分間）で、課目は次のとおり。

- 衛生法規……2時間
- 公衆衛生学…1時間
- 食品衛生学…3時間（テストを含む）

なお、講習の受付時間は午前9時〜9時30分です。

【開催日】

毎月、都内各所において8〜10会場程度で開催しています。

【受講料】

受講当日に、1万円（教材費を含む）を納めます。

防火管理者になるにはどうしたらいい？

前述したように、お店の収容人員（従業員を含む）が30人以上になる場合には防火管理者が必要になりますが、お店の延べ床面積に応じて、資格は甲種と乙種に分かれます。

- 店舗延べ床面積300㎡以上 → 甲種防火管理者
- 店舗延べ床面積300㎡未満 → 乙種防火管理者

甲種防火管理者の資格を取得するためには、2日間の講習を受けることが必要ですが、乙種防火管理者の場合の講習は1日ですみます。日程などは、最寄りの消防署に確認してください。

なお、受講費用については、たとえば東京都の乙種防火管理者の場合、教材費として1,500円が必要になります。

7-3 飲食店を始めるときの許可申請のしかた

 申請内容がわからないときは事前に相談を

　飲食店の営業を開始するには、「飲食店営業」の許可を受けなければなりませんが、前述したように、飲食店の種類によって、必要な許可が異なります。

　必要な許可申請がはっきりとわからない場合には、事前に、どんな飲食店を開業するのかを保健所に伝えて、相談しておきましょう。

　また、飲食店の営業許可を受けるためには、食品衛生責任者の選任が必要になっているほか、**開業する飲食店の施設が基準に適合していること**が条件になっています。

 飲食店の施設基準とは

　飲食店の施設基準には、各業種共通の「**共通基準**」と、業種ごとに決められた「**特定基準**」があります。

　共通基準では、「営業施設の構造」「食品取扱い設備」「給水および汚物処理」に関して細かな基準が決められており、業種ごとの特定基準では、「冷蔵設備」「洗浄設備」「給湯設備」「客席」「客用便所」について細かな基準が設けられています。

　詳細については、開業予定店舗を管轄する保健所のホームページなどで確認してください。

 「飲食店の許可」を受けるときの申請手続き

　「飲食店の許可」の申請手続きは、「①事前相談→②営業許可

申請→③施設の確認検査→④営業許可書の受領」の流れで行ないます。それぞれのポイントについてみていきましょう。

①**事前相談**

　お店の計画した図面等が、施設基準に合致しているかどうかを事前に確認するため、申請を行なう際に必要となる重要な手続きです。

　施設基準に適合していなければ、もちろん許可はおりませんから、基準に適合するまで改修が必要になります。それによって、開店日を延期しなければならないリスクを考えると、必ず施設の工事着工前に図面等を持参のうえ、保健所に相談する必要があるのです。

　相談先は、施設の所在地を所管する保健所です。持参する図面は、内装業者などの作成したものがあれば、それがベストですが、業者作成の図面がない場合は、自分で手書きした図面でも問題はありません。

②**営業許可申請**（書類の提出）

　店舗施設の完成予定日の10日くらい前には、以下の必要書類を保健所に提出してください（申請の際に、許可申請手数料として1万6,000円が必要になります）。
- **営業許可申請書**（営業許可申請書の記入例については次ページを参照してください）
- **営業設備の大要・配置図**（2通）
- **登記事項証明書**（法人の場合のみ）
- **水質検査成績書**（貯水槽使用水、井戸水使用の場合のみ。許可後も年1回以上、水質検査を行ない、その成績書を保管することが必要）

◎「営業許可申請書」の記入例◎

注・申請者は右の太線の中だけ記載して下さい。

| 文書番号 | 1 | 2 | | 4 | 5 |

第6号様式（第20条関係）

店舗の所在地を所管する保健所名を記載

東京都○○保健所長 殿

平成○年○月○日

郵便番号 ○○○-○○○○　電話番号 03-○○○○-○○○○

住　所　東京都○○区○○町○丁目○番○号　○○マンション○○号

フリガナ　トウキョウ　タロウ
氏　名　　東京　太郎

個人の場合は戸籍上の氏名を、法人の場合は法人名と代表者名を記載

明・大・昭　○年○月○日生

法人の場合は、その名称、主たる事務所の所在地及び代表者の氏名

営業許可申請書（新・継続）

食品衛生法第52条第1項の許可を受けたいので次のとおり申請します。

営業所の所在地	東京都○○区○○町○丁目○番○号　○○ビル○階　電話番号 03-○○○○-○○○○
営業所の名称等	○○○○
営業設備の大要	別紙のとおり

集合ビルの場合は、ビル名および階層を記載

	許可番号及び許可年月日	営業の種類	備考
1	年　月　日　号	飲食店営業	
2	年　月　日　号		
3	年　月　日　号		
4	年　月　日　号		
5	年　月　日　号		

申請者の欠格事項
(1) 食品衛生法又は同法に基づく処分に違反して刑に処せられ、その執行を終わり、又は執行を受けることがなくなった日から起算して2年を経過していないこと。　　なし
(2) 食品衛生法第54条から第56条までの規定により許可を取り消され、その取消しの日から起算して2年を経過していないこと。　　なし

（注意）
1　許可番号及び許可年月日の欄は、継続許可の場合に、現に受けている許可の番号及び年月日を記載してください。
2　申請者（法人にあっては、その業務を行う役員を含むものとする。）の欠格条項の欄は、当該事実がないときは「なし」と記載し、あるときはその内容を記載してください。

食品衛生責任者氏名	東京　太郎	資格	栄・調・製・食鳥・船舶・食管・食監・養講・補講・その他（　）○年○月○日　第○○○○号
	保健所収受印	料金収納済印	手数料印

該当する資格を選択して○で囲み、資格の取得日および免許証番号や食品衛生責任者手帳等の番号を記載

（参考：東京都福祉保健局・保健所発行「食品関係営業許可申請の手引」）

●食品衛生責任者の資格を証明するもの（「食品衛生責任者手帳」など）

　申請手続きについては各都道府県の保健所等から詳細なパンフレットが発行されています。たとえば、東京都福祉保健局・保健所からは「新たに食品に関する営業を始められる皆さんへ〜食品関係営業許可申請の手引〜」が発行されており、ホームページからダウンロードすることも可能です。これらのパンフレットをご覧いただき、参考にしてください。

③施設の確認検査

　お店の施設が申請のとおりで、施設基準にも合致しているかどうかを保健所の担当者が実際に確認します。この検査の際には、ぜひ立ち会ってください。

　施設基準に適合しない場合は許可されませんし、不適合事項については改善し、改めて検査日を決めて再検査を受けなければいけないこともあるからです。

　なお、施設基準に合致していることが確認できた場合には、「営業許可書交付予定日のお知らせ」が交付されます。

④営業許可書の受領

　営業許可書交付予定日になったら、「営業許可書交付予定日のお知らせ」と認め印を持参して、保健所で営業許可書を受領します。

　施設基準適合の確認後、許可書が交付されるまでには数日かかるので、開店日等についてはあらかじめ保健所と打ち合わせをしておきましょう。

7-4 カフェや喫茶店を開業するときの許可申請のしかた

 カフェの開業に必要な資格と施設基準は

まずは、カフェに必要な許可申請のしかたについてみていきます。

カフェを開業するにあたっての許可申請は、一般の飲食店と何ら変わることなく、「飲食店営業」が必要です。食事を提供することもあるからですね。

そのため、食品衛生責任者の選任が必要になり、お店の規模によっては防火管理者の選任も必要になります。

また、施設基準についても、一般の飲食店の場合と同様です。

 喫茶店を開業する場合の許可申請

カフェと似ていますが、業種として別の分類になるのが「喫茶店営業」です。

「喫茶店営業」とは、喫茶店、サロンその他設備を設けて酒類以外の飲物または茶菓を客に飲食させる営業です。基本的に、店内で調理したものを提供することはできません。

「喫茶」の名前を使っているお店でも、サンドイッチやパスタ、その他軽飲食を提供する場合には、「飲食店営業」の許可が必要になるのです。

 「喫茶店営業」に必要な資格と施設基準

お店で調理をしないからといっても、喫茶店営業に必要な資格は、カフェや一般飲食店と変わることはありません。食品衛

生責任者が必要となり、また、お店の規模に応じて防火管理者の資格が必要になります。

施設基準についても、共通基準と特定基準があることは、「飲食店営業」の場合と同様です。

  「喫茶店営業」の許可申請の手続き

「喫茶店営業」の許可申請の手続きも「飲食店営業」と同様に、「①事前相談→②営業許可申請→③施設の確認検査→④営業許可書の受領」の流れで行ないます。

なお、申請手数料については、「飲食店営業」と「喫茶店営業」では異なります。保健所によっても異なる場合があるので、申請する際には、お店を所管する保健所に確認してください。

7-5 居酒屋を開業するときの許可申請のしかた

 居酒屋の開業に必要な資格と施設基準は

　居酒屋を開業するためには、まず、「飲食店営業」の許可が必要です。そして、食品衛生責任者の選任が必須で、お店の規模によっては防火管理者の選任も必要になります。

　営業時間が深夜0時までであれば、「飲食店営業」の許可だけで営業できますが、0時以降にもお酒を提供する場合には、「深夜における酒類提供飲食店営業」の届出書の提出が必要です。お店を管轄する警察署の生活安全課に提出してください。

 深夜における酒類提供飲食店営業の届出基準

　「深夜における酒類提供飲食店営業」を届け出るかどうかの届出基準は次のとおりです。

【店舗の構造および設備の基準】
①客室の床面積が9.5㎡以上であること（ただし、客室が1室の場合を除く。客室が2つ以上ある場合は、それぞれの部屋が9.5㎡以上必要です）
②客室の内部に見通しを妨げる設備を設けないこと
③善良な風俗等を害するおそれのある写真、装飾等の設備がないこと
④客室の出入口に施錠の設備がないこと
⑤営業所の照度が20ルクス以上であること
⑥騒音、振動の数値が条例で定める数値以下であること
⑦ダンスをする踊り場がないこと

【店舗の場所的基準】
　次の地域における深夜営業は禁止されています。
- 第1種低層住居専用地域
- 第2種低層住居専用地域
- 第1種中高層住居専用地域
- 第2種中高層住居専用地域
- 第1種住居地域
- 第2種住居地域
- 準住居地域

　届出を制限される規定は特にありませんが、「飲食店営業」の審査において不適格と判定された場合は、実質的に深夜営業の届出をすることはできません。

深夜における酒類提供飲食店営業の提出書類

　「深夜における酒類提供飲食店営業」の届出の際に提出する書類は次のとおりです。

①営業開始届出書

　お店の名称や場所、届出者の名前、建物の構造・面積、照明設備、音響設備、防音設備などについて記入します。

②営業方法を記載した書類

　営業時間、提供するお酒の種類、20歳未満の者にお酒を提供することを防止する方法、などについて記載します。

③各図面

　店舗周辺の略図、建物入居状況説明図、入居階平面図、営業所平面図、営業所求積図、各室・各部求積図、求積計算表、照明設備図、音響・防音その他設備図などの図面を記載します。

④住民票の写し

　法人の場合は、役員の住民票のコピーを、外国人の場合は、在留カードの両面のコピーを用意します。個人、法人ともに、住民票は本籍のわかるものを提出します。

⑤飲食店営業許可書のコピー

⑥定款、登記事項証明書（法人の場合）

7-6 パン屋さんを開業するときの許可申請のしかた

販売方法によって申請する業種が異なる

　パン屋さんを開業するにあたって、許可が必要になるかどうかは、都道府県によって異なることがあります。したがって、パン屋さんを開業する際には、必ずお店を管轄する保健所で確認してください。ここでは、東京都におけるパン屋さんの開業を例にして、許可の有無や違いなどについて説明します。

　パン屋さんと一口にいっても、販売方法にはいくつかあります。たとえば、仕入れたパンを販売する場合もあれば、自ら焼いたパンを販売する場合もあります。販売方法等によって許可申請のしかたが異なるので、注意が必要です。

【仕入れたパンをそのまま販売する場合】
　仕入れたパンに手を加えずに販売する場合でも、菓子パン等を仕入れて販売する場合には、特に許可を受ける必要はありません。ところが、サンドイッチなどを仕入れて販売する場合には、「食料品等販売業」の許可が必要になります。

【仕入れたパンに自店で加工して販売する場合】
　仕入れたパンに自店でつくった具材をはさんでサンドイッチなどにして販売する場合には、「飲食店営業」の許可が必要になります。

【パンを自ら焼いて販売する場合】
　ジャムパンやあんぱんなどの菓子パンを自店で焼いて販売する場合には、「菓子製造業」の許可が必要になります。

【惣菜パンを自店で焼いて販売する場合】

「飲食店営業」の許可のみでOKの自治体と、「飲食店営業」と「菓子製造業」の両方の許可を必要とする自治体があります。お店を管轄する保健所で確認してください。

【焼いたパンをそのお店ですぐに食べてもらう場合】

「飲食店営業」の許可が必要です。あわせて、テイクアウトの販売もするのであれば、「菓子製造業」の許可が必要になります。

上記では、「飲食店営業」のほかに、「食料品等販売業」や「菓子製造業」の許可が必要なケースが出てきました。そこで、それぞれの許可申請について説明しておきましょう。

「食料品等販売業」の施設基準

「食料品等販売業」の許可とは、東京で（業者が製造した）お弁当やサンドイッチ、お惣菜などを販売するのに必要な許可をいいます。

許可を受けるためには、以下にあげる施設基準を満たしていなければなりません。

- 建物は十分な耐久性を有する構造であること
- 内壁は高さ1mまで耐水性で、清掃しやすい構造であること（ただし、水を使用しない場所は、この限りではない）
- ねずみや昆虫の侵入を防ぐ設備を備えていること
- 換気設備を備えていること
- 流水式洗浄設備を備えていること
- 流水受槽式手洗い設備と手指の消毒装置を備えているこ

- と
- 取扱量に応じた陳列ケースおよび取扱い器具を備えていること
- 常に5℃以下に冷却できる冷蔵設備を備えていること
- 製品の運搬容器はふたがあり、専用のものであること

「菓子製造業」の申請書類と施設基準

「菓子製造業」の許可申請を行なう際に提出する書類は次のとおりです。

①営業許可申請書　　②営業設備の大要
③水質検査成績書　　④登記事項証明書（法人の場合）

また、「菓子製造業」の許可を受けるための施設基準については、次のようになっています。

- 床は耐水性で、清掃しやすい構造であること（ただし、水を使用しない場所は、厚板を使用することができる）
- 内壁は高さ1mまで耐水性で、清掃しやすい構造であること（ただし、水を使用しない場所は、この限りではない）
- ねずみや昆虫の侵入を防ぐ設備を備えていること
- 換気設備を備えていること
- 施設の明るさは、50ルクス以上とすること
- 流水式洗浄設備を備えていること
- 流水受槽式手洗い設備と手指の消毒装置を備えていること
- 従業員用のトイレと流水受槽式手洗い設備、手指の消毒装置を設けること

- 従事者の数に応じた更衣室または更衣箱を作業場外に設けること
- 施設は作業区分ごとに区画すること
- 作業場外に原料倉庫を設けること
- 製造量に応じた数および能力のある焼き釜、蒸し器その他の必要な機械器具類を設けること
- 必要に応じて冷蔵設備を設けること

　パン屋さんがパンに関連して、乳製品などを販売することがありますが、その場合は、以下の営業許可が必要になります。

【乳類販売業許可】

　牛乳やヨーグルトなどの乳製品を販売する場合に必要となる許可申請です。

【アイスクリーム製造業許可】

　手製のアイスクリームを店頭で販売する場合には、この許可が必要になります。

　ただし、仕入れたアイスクリームをそのまま販売したり、飲食店が手製のアイスクリームをその場で提供する場合には、この許可は必要ありません。

7-7 ケーキ屋さんを開業するときの許可申請のしかた

 営業形態によって許可申請のしかたが異なる

　ケーキ屋さんといっても、ケーキなどの洋菓子のみを販売するお店、パンも同時に販売するお店、喫茶店も併設するお店、レストランも併設するお店など、いろいろな形態が考えられます。

　また、開業の際に必要となる許可申請についても、都道府県によって異なることがあるので、ケーキ屋さんを開業する際には、最寄りの保健所で必ず確認してください。

　ここでは、東京都でケーキ屋さんを開業する場合について、営業形態別に説明しておきましょう。

 ケーキなどの洋菓子専門店の場合

　この場合は、「菓子製造業」の許可を受けてください。

　「菓子製造業」については、前項のパン屋さんの開業と同様、食品を扱うので食品衛生責任者の選任が必要になります。「製菓衛生士」の資格をもっていれば、食品衛生責任者の資格を取得できます。

　「製菓衛生士」の資格がない場合には、食品衛生協会が主催する「食品衛生責任者講習」を受講すれば食品衛生責任者の資格を得られます。

　また、開業するお店は、各都道府県の条例で定められた施設基準を満たしていなければなりません（施設基準についてはパン屋さんの場合と同じです）。お店の内装工事に取りかかる前

に、必ず、開業予定の地域を管轄する保健所に事前の相談を行なうようにしてください。

ケーキ以外にパンも一緒に販売する場合

このようなお店も多いと思いますが、開業するためには、「菓子製造業」の許可を受けます。さらに、パン屋さんとして必要な許可も受けなければなりません。

パン屋さんの許可申請については、前項でも説明したように、営業形態により必要とする手続きが異なるので注意してください。

喫茶店やレストランを併設する場合

ケーキ屋さんが、ケーキとともにコーヒーや紅茶などが飲める喫茶コーナーを店内に設ける場合も多いと思います。この場合は、「菓子製造業」および「喫茶店営業」の両方の許可申請が必要になります。

また、ケーキ屋さんが、レストランなどの飲食店を併設して食事を提供する場合には、「菓子製造業」および「飲食店営業」の両方の許可申請が必要になります。

ちなみに、飲食店がデザートとしてケーキを提供するだけでしたら、ケーキ屋さんではないので、「飲食店営業」の許可のみで営業可能ですが、ケーキのテイクアウト販売も行なう場合には、「菓子製造業」の許可申請も必要になります。

業種による許可申請の種類の違いはけっこうややこしいですね。やはり開業前に管轄の保健所に行って、よく確認しておいたほうがいいと思います。

なお、ケーキ屋さんがケーキに関連して、乳製品などを販売

する場合には、以下の営業許可が必要になる場合があります。

【乳類販売業許可】

牛乳やヨーグルトなどの乳製品を販売する場合には、この許可申請が必要になります。

なお、包装された商品をショーケースなどに入れて販売する場合には、施設基準が少し緩和されています。

【アイスクリーム製造業許可】

手製のアイスクリームを店頭で販売する場合には、この許可申請が必要になります。

仕入れたアイスクリームをそのまま販売したり、飲食店が手製のアイスクリームをその場で提供する場合には、この許可申請は必要ありません。

8章

開業後に欠かせない届出手続きのしかた

税務署や労基署などへ必要となる手続きです。税金の基礎知識も知っておきましょう！

1〜3項の執筆　税理士・羽田リラ

8-1 個人の税金と法人の税金はどこが違うのか

法人税率のほうが所得税率よりも低い

飲食店経営を始めることにより、たとえばサラリーマンだった人は、サラリーマン時代とは異なる**事業者としての税金**にかかわっていかなければなりません。マイナンバー制度の導入により、税務署の管理もより厳しくなるので、税金とは上手につきあっていく必要があります。

新しく事業を開始するにあたっては、個人のまま事業を始める場合と、会社を立ち上げて法人として事業を始める場合があります。

飲食店を開業するにあたり、会社を立ち上げない人には個人の税金が、会社を立ち上げる人には、法人の税金がかかわってきます。

①個人として開業する場合

個人で始めた事業が黒字になった場合にかかってくる税金のうち、国に納める税金は「**所得税**」、地方に納める税金が「**個人住民税**」と「**個人事業税**」です。

個人の場合は、1月1日から12月31日までの事業にかかる収支から「所得税」を計算して、翌年2月16日から3月15日までに確定申告をして所得税を納めると、「個人住民税」「個人事業税」が後から計算されて納付書が送られてきます。

このうち所得税は、所得が高くなるほど税率が高くなるしくみ（超過累進税率）になっています。

◎個人事業と法人の税金の違い◎

|所得税|

課税される所得金額（金）		税　率	控除額（円）
	195万円以下	5%	0
195万円超	330万円以下	10%	97,500
330万円超	695万円以下	20%	427,500
695万円超	900万円以下	23%	636,000
900万円超	1,800万円以下	33%	1,536,000
1,800万円超	4,000万円以下	40%	2,796,000
4,000万円超		45%	4,796,000

|個人住民税|
●均等額課税（均等割）と所得に応じて課税（所得割）

|個人事業税|
●所得に応じて課税　　●事業主控除額　290万円

|法人税|
●資本金1億円以下の法人の場合

課税される所得金額（円）	税　率
800万円以下	原則15%
800万円超	23.2%

●資本金1億円超の法人の場合…23.2%

|地方法人税|
●法人税額に応じて課税

|法人住民税|
●資本の金額等に応じて課税（均等割）と法人税額に応じて課税（法人税割）

|法人事業税|　|地方法人特別税|
●原則として所得に応じて課税

②法人として開業する場合

会社の利益にかかる税金のうち、国に納める税金は「**法人税**（**地方法人税を含む**）」、地方に納める税金が「**法人住民税**」と「**法人事業税**（地方法人特別税を含む）」です。

法人の場合は、自分で決めた１事業年度（たとえば、４月１日〜翌年３月31日）の収支から「法人税」等の国や地方に納める税金を計算して、通常、期末から２か月以内に税務署や都道府県税事務所、市区町村等にそれぞれ申告し、これらの税金を納付します。

法人税も、所得が多くなると段階的に高い税率が適用されますが、所得税の税率ほどは高くありません（☞前ページ図参照）。

会社にして開業することの大きなメリットは、法人税のほうが所得税よりも税率が低いということです。

ただし、所得があまり高くないときには、個人事業のほうが納める税金が少なくなり有利な場合もあります。

個人事業でスタートするのか法人として開業するのか、の判断は、事業予測を立てながら検討してみてください。

法人にする場合は、所得税がかかってくるオーナーの報酬をいくらにするかも大事なポイントになります。

8-2 開業する際にはどんな届出書が必要になるのか

 手続きを怠ると後悔するはめに

開業準備の際に、ついつい後回しになりがちなのが、税金関係の手続きではないでしょうか。開業前は、新しい事業のことで頭がいっぱいで、税金なんて儲かってから考えよう、と思いがちです。

しかし、開業時に税務署等に手続きをしていなかったために、後々余計な税金を払うはめに陥ってしまうということがあります。

事業を始める際には必要な手続きを行なっておきましょう。「開業するときにちゃんと手続きをしておけば…」というような後悔をしないためにも、税金関係の手続きについてはきちんと準備しておきましょう。税金とのつきあいは、最初が肝心です。

 開業するときに必要になる届出手続き

開業するにあたってまず必要になるのは、個人事業の場合も法人の場合も、税務署や都道府県税事務所、市区町村に**開業する旨の届出書**を提出することです。

この届出を行なうことにより、税務署等とのつきあいが始まり、届け出た住所に税金関係の書類が送られてきます。

まず、税務署に提出するのが、個人の場合は「**個人事業の開廃業届出書**」（事業開始後1か月以内に提出）、法人の場合は「**法人設立届出書**」（事業開始後2か月以内に提出。定款、設立の

◎開業時に必要となる届出書の一覧◎

●提出書類の種類と届出先

【必ず提出するもの（税務署と地方自治体）】

税務署	提出期限	都道府県税事務所	市区町村	提出期限
設立届出書（添付：謄本、定款コピー、株主名簿等）	設立後2か月以内	法人設立等申告書（東京都は「事業開始等申告書」）（添付：謄本、定款コピー等）		各自治体により異なります。
個人事業の開業・廃業等届出書	開業後1か月以内	事業開始（廃止）等申告書		各自治体により異なります。

【必要に応じて提出するもの（税務署のみ）】

税務署	内容	提出期限
青色申告の承認申請書	青色申告の承認を受けようとする場合に提出	〈法人〉設立後3か月以内と事業年度終了日の前日のいずれか早い日 〈個人〉開業後2か月以内と3月15日のいずれか早い日
給与支払事務所等の開設届出書	給与等を支払うべき従業員を雇った場合に提出	設立後1か月以内
源泉所得税の納期の特例の承認に関する申請書	原則、毎月納付である源泉所得税の納期を半年に1回とする手続き（1月～6月分を7/10までに、7月～12月分を翌年1/20までに納付） (注) 給与の支給対象が常時10人未満の事業所であることが要件です。	対象となった場合、速やかに
減価償却資産の償却方法の届出書	減価償却の方法を届け出るときに提出。届出のない場合は、以下の償却方法となります。 ●法人：建物…定額法　建物以外…定率法 ●個人…定額法	最初の申告書提出期限まで
棚卸資産の評価方法の届出書	棚卸資産の評価方法を届け出るときに提出。届出のない場合は、最終仕入原価法による評価となります。 (注) いったん採用した評価方法は、相当の理由がない限り、3年間は変更ができません。	最初の申告書提出期限まで

登記簿謄本のコピー等を添付）です。

　都道府県税事務所や市区町村にも別途、個人の場合は「**事業開始等申告書**」、法人の場合は「**法人設立届出書**」（いずれも、地域によって様式名が若干異なります）を提出することになります。

　なお、税務署に提出する開業時に必要な届出書等については、国税庁のホームページからダウンロードすることができます。

青色申告にする場合の届出手続き

　お店を開業するときに、開業届とともに、税務署に提出しておいたほうがよいのは、「**青色申告の承認申請書**」です。

　というのは、青色申告事業者になると、「簿記のルールに従って正しい記帳を行なう」という条件はありますが、いろいろと税務上有利な特典を受けることができるからです。

　ただし、「青色申告の承認申請書」の提出時期には気をつけてください。個人の場合は、事業を開始した日から2か月以内（1月1日から1月15日までに事業を開始した場合は3月15日まで）に、法人の場合は、事業を開始した日から3か月以内（この期間に事業年度が終了する場合には、期末まで）です。

　うっかり申請書の提出期限に遅れると、その年は青色申告の適用が受けられなくなります。

青色申告にはどんな特典があるか

　個人事業の場合、青色申告にすると次のような特典を受けることができます。

①最大で65万円の青色申告特別控除が受けられる

　正しい記帳にもとづいて期限内に申告をすると、実際にかか

った経費のほかに、最大で65万円の控除を受けることができます。

②損失を3年間繰り越せる

　この、損失を翌年以降に繰り越せるようになるという特典も青色申告をすすめる大きな理由です。

　個人の所得税は、1年単位で税金を計算するため、通常、ある年に大きな赤字が出たとしても、その損失はその年で切り捨てられます。

　ところが、青色申告事業者になると、赤字となった損失は翌年以降3年間繰り越せます。つまり、翌年以降の黒字から繰り越された損失の金額を控除することができるのです。

　開業時にたくさんの資金がかかる飲食店の場合、開業した年には大きな損失が出る可能性が高いため、この特典を受けておいたほうが翌年以降の税金面では得策といえます。

③家族に支払う給与を経費にできる

　個人事業の場合、家族に支払う給与は原則として経費には認められません。しかし、条件付きで一定額（青色申告にしていない白色申告の場合、配偶者は86万円、配偶者以外は50万円まで）は経費として認められています。

　ところが青色申告にしていると、家族に支払う給与は「**青色事業専従者給与**」として、条件付きで適正額まで経費として認めてもらえるのです。

　そのほか、青色申告にすると、各種優遇税制の適用を受けられます。国が新しい優遇税制を打ち出すときにも、その適用対象となるのはほとんどの場合、青色申告事業者です。

また、法人が青色申告にした場合の特典は、ほぼ個人の場合と変わりありませんが、以下の取扱い等が異なっています。
- 青色申告特別控除の適用はない
- 損失の繰越控除の期間は10年
- 家族に支払う給与は全額経費に

法人の場合、家族に支払う給与は適正額であれば全額経費として認められるため、届出書の提出は不要です。

従業員を雇ったときの届出手続き

飲食店は開業時からスタッフを採用することが多いと思いますが、従業員を雇って給料を支払う場合には、開業届と一緒に「給与支払事務所等の開設届出書」の提出が必要になります。

「給与支払事務所等の開設届出書」を提出する際には、あわせて「源泉所得税の納期の特例の承認に関する申請書」も提出しておくと、あとあと便利です。

スタッフに給料を支払う場合、所得税を天引きしなければなりませんが、この天引きした所得税は、原則として翌月10日までに税務署に納付します。

ただし、「源泉所得税の納期の特例の承認に関する申請書」を提出していると、半年分をまとめて納めることができるのです（1月～6月分は7月10日まで、7月～12月分は1月20日までに納付）。

ただでさえ、忙しい飲食店です。毎月、源泉所得税を納付するのは煩わしいばかりか、仮に納付期限に遅れた場合、1日遅れても不納付加算税というペナルティの対象となってしまいます。ぜひ、この納期の特例を受けておきましょう（ただし、給与をもらう人が10人以上になると、この特例は受けられません）。

減価償却に関する届出手続き

　飲食店のオープン時には、大規模な設備投資が必要です。しかし、金額の大きい資産を購入しても、その購入した年に購入額全額を経費にすることはできません。税法上、何年かにわたって徐々に経費化することになっているのです。これを「**減価償却**」といいます。

　何年にわたって経費に計上するかについては、資産の種類ごとに決められています（「**耐用年数**」といいます）。耐用年数は国税庁のホームページなどで調べることができます。

　また、減価償却の償却方法には「**定額法**」と「**定率法**」があり、定額法は毎年、均等額を経費計上するのに対し、定率法だと当初の経費計上額が大きく、その後徐々に減少していくという償却方法です。毎期、安定的に減価償却費を計上するなら定額法、早く経費計上したいなら定率法を選択してください。

　この減価償却の方法については、届出書の提出がないと、個人の場合は定額法、法人の場合は定率法（建物については、届出の有無にかかわらず定額法）を用いることになっています。

　決められた償却方法以外で、減価償却費を計算したい場合には、減価償却方法の選択に関する届出書の提出が必要です。

　なお、減価償却制度では、減価償却できない資産があり、また少額な減価償却資産については、特別の取扱いがあります。

　詳しくは、次ページの表にまとめておきましたので、参考にしてください。

棚卸資産の評価方法に関する届出手続き

　飲食店の場合、期末に残った食材などは「**棚卸資産**」として

◎減価償却しない資産と少額な減価償却資産の取扱い◎

非減価償却資産

土地（借地権等）	時の経過等によって価値が減少しないため、減価償却資産とはなりません。
電話加入権	少額減価償却資産の取扱いをして、一時に経費にすることもできます。
書画骨とう	１点100万円未満のものは、減価償却資産とすることができます。
棚卸資産	減価償却資産とはなりません。
事業の用に供していないもの	いつでも稼働できる状態のものは除かれます。

少額な減価償却資産の償却

10万円未満	全額支払った年度の経費となります。
20万円未満	毎年度支払った金額の３分の１ずつ経費にすることができます。

【減価償却資産の青色申告の特例】

30万円未満	全額支払った年度の経費にできます（上限300万円）

計上し、翌期に繰り越す必要があります。

　実は、この期末の棚卸資産をどう評価するかによって、損益にも影響が出てきます。棚卸資産の評価についてはいくつか方法がありますが、棚卸資産の評価方法に関する届出書を提出しないと、「最終仕入原価法」という方法で評価することになります。

　この最終仕入原価法は、最後に仕入れた単価をその商品のすべての在庫品の単価とみなす方法で、一番手間がかからない

め、おすすめの評価方法です。「最終仕入原価法」以外の方法で評価したい場合は届出書の提出が必要になります。

8-3 消費税のしくみについて知っておこう

 消費税はお客さまから預かっている税金

　いままでは、モノを買ったときなどに当たり前のように支払ってきた**消費税**ですが、お店の経営者となって、消費税を預かって納税する立場にもなれば、消費税のしくみについても知っておく必要があります。

　実は、この消費税のしくみは意外に複雑です。「消費税についてはよくわからないけど、まぁいいか」などと安易に考えていると、課税方法の選択のしかたによっては、同じ取引でも納税額や還付額に大きな差が出てきます。消費税の基本的なしくみだけでも、押さえておくようにしましょう。

　飲食店の場合、消費税はお店で食事などのサービスの提供を受けた**お客さまが負担すべき税金**です。ところが、この食事代にかかる消費税は、食事を提供する事業者が食事代に上乗せしてお客さまから「預かり」、**お客さまに代わって税務署に納める**ことになっているのです。

　一方で、食事を提供するために食材を仕入れるなど、お店が消費税を支払った場合には、その支払った消費税は、預かった消費税から控除することができるのです。

　そして、1年間を通して預かった消費税が控除できる消費税より多ければ、多い分を納税し、逆に、控除できる消費税のほうが多ければ、その分の還付を受けられるというのが消費税の基本的なしくみになっています。

ほかにも、消費税では、納税義務があるかどうかについてのルールや、簡易課税という制度を選択することもできるなどのしくみがあるので、次にみていきましょう。

 消費税の納税義務があるかどうかの判断

消費税の納税義務があるかどうかは、**2年前の売上が1,000万円を超えているかどうかで判定します**。2年前の売上が1,000万円以下であれば原則、消費税を納める義務はありません。

つまり、2年前の売上が、1,000万円を超えていると、今期に預かった消費税について納付（または還付）しなければならないわけです。

ただし、2年前の売上が1,000万円以下であっても、今期の期首から6か月の売上が1,000万円を超える（同期間に支払った給与の合計額でもよい）場合は、消費税の納税義務者になります。

飲食店を開業した後2年間は、2年前の売上というものがないため、通常は消費税を納めなくてよいことになっています。ただし、資本金が1,000万円以上の法人の場合については、開業後の2年間についても消費税の納付義務がある決まりになっています。

 課税方式には2つの方法がある

消費税の課税方式には、「一般課税」と「簡易課税」という2つの計算方法があります。

①一般課税方式

預かった消費税（売上などにかかる消費税）から支払った消費税（仕入や経費などにかかる消費税）を控除した差額を納付

または還付する方法で、原則的な計算方法です。

②簡易課税方式

預かった消費税（売上などにかかる消費税）に一定率（「**みなし仕入率**」といいます）を乗じたものを控除して納付する簡易な計算方法です。

この方法だと、支払った消費税を集計しなくても、預かった消費税だけで納付すべき消費税額が計算することができます。

ただし、この計算方法の適用を受ける場合には、事前に「**簡易課税選択届出書**」の提出が必要です。また、簡易課税方式は、２年前の売上が5,000万円以下である比較的小規模な事業者にしか認められていない計算方法で、いったんこの簡易課税方式を選択すると、原則として２年間は適用しなければなりません。

預かった消費税に乗じる一定率（みなし仕入率）は、事業の種類ごとに決められており、**飲食サービス業の場合は60％**です。つまり、簡易課税制度を選択すると、預かった消費税の40％を納税すればよいことになります。

簡易課税方式で気をつけたいのは、売上などにかかる消費税の一定率を納める課税方法なので、**常に納税額が発生する**ということです。仕入や経費などにかかる消費税が多額になるため、還付を受けられる場合には、簡易課税方式を選択しないほうが得策です。

 開業当初の設備投資にかかる消費税は大きい

前述したように、通常、開業後２年間は消費税を納める必要はありません（資本金1,000万円以上の法人の場合を除く）が、消費税は、預かった消費税より支払った消費税のほうが多ければ還付を受けられるしくみになっています。

そのため、初年度に設備投資が大きくかかった場合には、その分などの支払った消費税が預かった消費税よりも多額になり、還付を受けられる可能性が高いのです。

この場合には、税務署に「**消費税課税事業者選択届出書**」を提出して、あえて消費税の課税事業者になることを検討しましょう。そうすれば、不要だった消費税の申告を行なうことで、設備投資などにかかった消費税の一部を取り戻すことができるからです。

ただし、課税事業者の選択を取りやめる場合には、「**課税事業者選択不適用届出書**」の提出が必要になります。また、いったん「課税事業者選択届出書」を提出すると、その後2年間は課税事業者のままなので、選択時にはその点も考慮しなければなりません。

さらに、「課税事業者選択届出書」を提出して100万円以上の資産の還付を受けた場合には、その後3年間は継続して一般課税方式により消費税を申告する必要があります。

やはり、消費税のしくみは複雑ですね。月々の経理や決算について税理士さんに指導やチェックを依頼する場合には、この消費税に関する選択の可否についても十分に相談して判断するようにしてください。

8-4 労働基準監督署への届出手続きで必要となるもの

従業員を採用すると手続きが必要になる

　労働者を1人でも雇用したら、雇用主としての義務が発生し、労働基準監督署に「**適用事業報告**」の届出を行ないます。そして、労働災害事故に備えて、**労災保険（労働者災害補償保険）の加入手続き**を行ないます。

　さらに、10人以上の労働者を常時雇用する規模で開業する場合は、就業規則を作成して労働基準監督署に「**就業規則届**」を提出しなければなりません。

　また、飲食店においては、従業員に残業を命じることもよくあるので、「**時間外労働や休日労働に関する協定届**」の届出も必要になるでしょう。

　これらの手続きについて、それぞれのポイントをあげておきましょう。

「適用事業報告」の届出手続き

　労働者を1人でも雇用した場合は、その事実を報告するため、労働基準監督署に「**適用事業報告書**」を提出します。ただし、従業員が家族労働者のみの場合は、この適用事業報告は不要です。

　ここで「労働者」とは、正社員、アルバイトなど雇用の形態にかかわらず、事業に使用される者で賃金を支払われる者は、すべて該当します。

　なお、営業所、支店などの事業所を設置した場合には、適用

事業報告が必要になります。

労災保険の加入手続き

労災保険は、原則として労働者全員を対象に、業務上災害および通勤災害が発生した場合にその補償を行なう制度です。パートタイマーやアルバイト、試用期間中の従業員等も、労災保険の補償を受けることができます。

労災保険と雇用保険をあわせて「**労働保険**」と呼びますが、労働保険の適用事業となったときは、まず「**労働保険の保険関係成立届**」を所轄の労働基準監督署または公共職業安定所（ハローワーク）に提出します。

そして、その年度分の労働保険料（保険関係が成立した日からその年度の末日までに労働者に支払う賃金の総額の見込額に保険料率を乗じて求めた額）を概算保険料として申告・納付します。

お店で労災事故が起きた場合、保険関係成立届の提出を怠っていても、従業員に対する保険給付は行なわれます。しかし、会社に対して後日、保険給付に要した費用の返還が求められる場合があります。また、手続きを怠っていた場合の労働保険料は、最大2年間さかのぼって徴収されます。

したがって、従業員を雇い入れた際は、万が一の事故に備えて、すぐに労災保険の加入手続きを行なってください。

就業規則の作成と届出手続き

常時10人以上の労働者を使用する場合は、就業規則を定めて所轄の労働基準監督署長に届け出なければなりません。

この「常時10人以上」というのは、一時的に10人以上となる

場合は該当しません。また、派遣社員は含まれませんが、契約社員、パートタイマー等であっても、労働者としてカウントします。

就業規則に記載する内容には、**「絶対的必要記載事項」**（絶対に記載しなければならない事項）と**「相対的必要記載事項」**（定めた場合には必ず記載しなければならない事項）、および「任意的記載事項」（記載するかどうかは自由の事項）があります。

絶対的記載事項は、次のとおりです。
①始業および終業の時刻、休憩時間、休日、休暇
②賃金の決定、計算および支払いの方法、賃金の締切りおよび支払時期ならびに昇給に関する事項
③退職（解雇に関する事項を含む）に関する事項

また、相対的記載事項は、次のとおりです。
①退職手当に関する事項（適用される労働者の範囲、退職手当の決定、計算および支払いの方法ならびに退職手当の支払時期に関する事項）
②臨時の賃金等（退職手当を除く）および最低賃金に関する事項
③労働者の食費、作業用品その他の負担に関する事項
④安全衛生に関する事項
⑤職業訓練に関する事項
⑥災害補償および業務外の傷病扶助に関する事項
⑦表彰および制裁の種類および程度に関する事項
⑧上記①〜⑦のほか、当該事業所の労働者のすべてに適用される事項を定めた場合にはその事項

なお、就業規則を届け出る際には、労働者の代表が作成した就業規則に対する「意見書」もあわせて提出することになっています。

8-5 公共職業安定所への届出手続きで必要となるもの

 雇用保険関係の届出先はハローワーク

　雇用保険の適用対象となる労働者を雇用することとなった場合は、労働基準監督署で保険関係成立に関する手続きを済ませた後で、事業所を管轄する公共職業安定所（ハローワーク）に**「雇用保険適用事業所設置届」**と**「雇用保険被保険者資格取得届」**を提出します。

　その後、新たに労働者を雇い入れた場合は、そのつど、雇用保険被保険者資格取得届を提出しなければなりません。

　なお、雇用保険被保険者が退職した場合は、**「雇用保険被保険者資格喪失届」**と給付額等の決定に必要な**「離職証明書」**を提出することになっています。

 雇用保険の対象となる労働者とは

　雇用保険の対象となる労働者とは、次の2つの条件を満たす者です。

> ①1週間の所定労働時間が20時間以上であること
> ②31日以上の雇用見込みであること

　したがって、以上の条件を満たす労働者は、アルバイト、パートであっても、原則として雇用保険の加入が必要になります。

資格取得の手続きで必要となる書類

　ハローワークに「雇用保険被保険者資格取得届」を提出する際には、以下の書類などを添付することになっています。

【労働者名簿】

　「氏名」「性別」「生年月日」「現住所」「履歴（過去の経歴）」「雇入れ年月日」「退職（死亡を含む）年月日とその事由」が記載されたもので、さらに30人以上の事業所の場合は「従事する業務の種類」の記載も必要です。

【賃金台帳】

　「氏名」「性別」「賃金（諸手当、賞与を含む）ごとの計算期間」「労働日数」「労働時間数」「時間外労働、休日労働、深夜労働の時間数」「賃金の種類（基本給、諸手当）ごとの金額」「控除の内容とその額」が記載されていなければなりません。

【出勤簿】

　賃金台帳には「労働時間数」の記入が定められていますが、出勤簿は、この労働時間数等を確認するために必要な帳簿です。

　しかし、出勤簿については、労働者名簿や賃金台帳のように記載事項が法定されているわけではありません。

　したがって出勤簿は、労働時間数等を正確に把握できる内容であれば十分なので、労働日数、出勤時刻・退勤時刻、労働時間数が記載されていればいいでしょう。

　なお、労働者名簿、賃金台帳、出勤簿などの書類は、3年間の保存が義務づけられています。

また、日雇労働者については、労働者名簿の作成は不要ですが、賃金台帳の作成は必要です。

8-6 年金事務所への届出手続きで必要となるもの

 社会保険には強制的に加入するのか

　健康保険と厚生年金保険の加入手続きは、年金事務所で行ないます。

　これらの保険を総称して「社会保険」といいますが、この社会保険への加入については、**強制適用事業所**と**任意適用事業所**とに区分されます。

　「強制適用事業所」とは、経営者や従業員の意思によらないで、加入が義務づけられている事業所です。たとえば、株式会社組織にした法人の場合は、すべて強制適用事業所に該当し、社員が1人もいない代表者のみの法人であっても、社会保険に加入しなければなりません。

　一方、個人事業の場合には、以下の非適用業種の場合は、従業員が何人いても強制適用事業所にはなりません。

> 【非適用業種】
> ①第一次産業（農林水産業）
> ②サービス業（飲食店、美容業・旅館業など）
> ③法務専門サービス業（士業にあたる事業）
> ④宗教業（神社・教会等）　など

　したがって、飲食店は強制適用事業所ではないわけですが、従業員の2分の1以上が適用事業所になることに同意し、事業

主が申請して厚生労働大臣の許可を受ければ、社会保険に加入することができます。

ちなみに、非適用業種以外の個人事業の場合は、従業員が5人未満だと任意適用事業所になり、5人以上になると強制適用事業所になります。

 ## パートタイマーも加入させるのか

パートタイマーなどの短時間就業者でも、常用的な使用関係があれば社会保険に加入しなければなりません。次の①と②の条件を両方満たす場合には、社会保険の加入が必要です。

> ①**労働時間**…1日または1週間の所定労働時間が、勤務する事業所で同じような業務をしている一般従業員のおおむね4分の3以上の場合
> ②**労働日数**…1か月の所定労働日数が、勤務する事業所で同じような業務をしている一般従業員のおおむね4分の3以上の場合

たとえば、正社員の勤務時間が1日8時間、1か月の勤務日数が20日の場合だと、1日6時間以上で月に15日以上勤務するようなパートタイマーは、社会保険の加入対象者になります。

 ## 社会保険の加入を除外される人もいる

従業員であっても、以下にあげるような臨時の勤務形態である場合には、社会保険に加入することはできません（個人で国民健康保険や国民年金に加入してもらうことになります）。

①日々雇い入れられる者

　ただし、1か月を超えて引き続き使用される場合には、その使用されるときから加入対象になります。

②臨時に使用される者で、2か月以内の期間を定めて使用される者

　ただし、2か月以内の所定の期間を超えて引き続き使用される場合には、その使用されるときから加入対象になります。

扶養家族としての加入はどうする？

　社会保険では、従業員の家族についても「被扶養者」として加入することができます。

　所得税では、たとえば奥さんのパート年収が103万円以下だと「扶養親族」になれますが、社会保険では、**年収が130万円以下**の家族なら被扶養者にすることができます。

　一般的には、ご主人が奥さんを被扶養者とするケースが多いと思いますが、3親等以内の親族であれば、原則的に誰でも被扶養者とすることが可能です。

　なお、あまり知られていないようなのですが、年収の求め方については、所得税と社会保険では異なっています。

　所得税では、1月1日から12月31日までの収入を単純に合計したものが年収ですが、社会保険の場合は、被扶養者に該当する時点の月収を12倍したものを見込み年収額として判定します。年収基準の130万円を12か月で割ると10万8,333円になりますから、奥さんのパートなどによる月給がこの金額以下であれば、被扶養者にすることができることになります。

　ただし、社会保険の被扶養者としての手続きは、申請する月を基準に届け出ることになっているため、申請後の年の途中で

基準額を超えて見込み年収額が130万円超となる場合には、被扶養者ではなくなるので注意が必要です。

 ## 社会保険関係の主な手続き

社会保険に関する主な手続きには、以下のものがあります。

①健康保険・厚生年金保険新規適用届

お店が新規に社会保険の適用を申請するときに届け出ます。法人の場合には登記事項証明書、個人の場合には住民票の添付が必要です。

②健康保険・厚生年金保険被保険者資格取得届

社会保険の被保険者になる従業員、全員分の被保険者資格取得届を提出します。原則として、添付書類は必要ありませんが、加入状況によっては必要な場合があります。

③健康保険被扶養者（異動）届

被保険者に被扶養者がいる場合に提出します。添付書類としては、「健康保険被保険者証」と「課税（非課税）証明書」が必要です。ただし、添付しなければならないのは、被扶養者の申請者分のみです。

おわりに

　本書を最後までお読みいただき、ありがとうございました。

　飲食店の開業といっても、個人が初めて開業する場合もあれば、大手企業が飲食業に参入する場合もあります。開業のしかたは、千差万別です。
　しかし、どのような場合であっても、開業に際して準備すべきことは同じです。新店舗を出店するたびに真剣に、初心に戻ってしっかりと調査、検討しなければ成功は得られません。このような観点から、飲食店の事前準備について執筆しました。
　本書をお読みいただいた方が、開業前の事前準備をしっかりとされ、成功をおさめられることを願っています。

　本書の執筆の機会を与えていただいた、株式会社アニモ出版にこの場をお借りして感謝を申しあげます。
　飲食店開業を検討され、ご相談したいときは、下記アドレスまでメールにてお気軽にご連絡ください。
　宮﨑代志美：kokusai.gr@gmail.com

　また、本書を監修した株式会社ウーマン・タックスと協力しながら、飲食店の開業から運営にあたって必要な、開業相談、店舗物件、市場調査、経理、財務、資金調達、内装、販促、人材確保、開業許認可等をワンストップで対応させていただきます。
　毎月、「飲食店開業まるごとセミナー」も開催しています。このセミナーも、ぜひ、ご活用ください。

宮﨑　代志美

【監修者プロフィール】

株式会社ウーマン・タックス
監修のお手伝いをさせていただいた株式会社ウーマン・タックスは、開業している女性税理士のネットワークグループです。個別に活動していた女性税理士の知識と経験を集約することによって、大きな力を発揮し、お客さまによりよいサービスを提供することを目的に設立し、活動しています。

株式会社ウーマン・タックスでは、飲食店の経理・税務・資金面でのサポート等を行なう部門があり、飲食店の顧問税理士として活躍している税理士がその担当にあたっています。
本書にもあるとおり、飲食店経営は始めることはさほど難しくはありませんが、継続していくことが困難な業種です。スタート時には多額の投資も必要となりますから、せっかく始めるのであれば、繁盛店として末永く経営し続けていただきたいと思います。

当社では、飲食店の経営をスタートする方のサポートから経理・財務面などを、飲食店を得意とする税理士が担当させていただきます。また、本書執筆者の宮崎氏とタッグを組むことで、開業前から繁盛店になるまでに必要なアドバイスやサービスの提供もあわせて行なっています。
本書を読まれたすべての方が、飲食店の経営に成功し、夢を実現されることを祈念しております。

ホームページ：www.woman-tax.co.jp

宮﨑代志美（みやざき　よしみ）

1954年、群馬県出身。78年、吉野家（現、吉野家ホールディング）入社。79年、吉野家アメリカ（コロラド州デンバー）に出向し、80年の吉野家の倒産をアメリカで迎える。先の見えない失意の生活の後、81年、日本の本社に復帰。その後、吉野家は「うまい・やすい・はやい」の原点に戻り、見事に復活し上場も果たしたが、吉野家再建時に創られた社員独立制度をチャンスと考え、将来の独立を決意し、貯蓄をスタート。93年、念願の吉野家の加盟店として独立。経営は順調そのもので、店舗も複数にまで拡大した。しかし、2003年、突如としてBSE（狂牛病）問題が発生。一転して経営は大打撃を受ける。輸入再開のめどが立たず、断腸の思いで、複数店舗を吉野家本社に売却する。このとき、自分の使命が何なのかを悟り、それまでの大手外食企業本社やアメリカ勤務の経験、加盟店としての経験を活かし、飲食業で独立する起業家の成功を応援することとする。現在、調理師専門学校の「フードビジネス」の講師として、また、飲食店開業のすべてをワンストップで応援する「飲食店まるごと応援団」の代表として、経済産業省後援ドリームゲートアドバイザーとして、行政書士・宅地建物取引士・調理師などの資格と経験を活かし、飲食店開業希望者の開業相談や開業サポートに奔走している。

成功する飲食店は開業準備で決まる！

2016年 2 月20日　初 版 発 行
2019年12月20日　第 2 刷発行

著　者　　宮﨑代志美
監修者　　株式会社ウーマン・タックス
発行者　　吉溪慎太郎
発行所　　株式会社アニモ出版
　　　　　〒 162-0832 東京都新宿区岩戸町 12 レベッカビル
　　　　　TEL 03（5206）8505　FAX 03（6265）0130
　　　　　http://www.animo-pub.co.jp/

ⒸY.Miyazaki2016　ISBN978-4-89795-186-7
印刷：文昇堂／製本：誠製本　Printed in Japan

落丁・乱丁本は、小社送料負担にてお取り替えいたします。
本書の内容についてのお問い合わせは、書面かFAXにてお願いいたします。

アニモ出版　わかりやすくて・すぐに役立つ実用書

リピート率9割を超える！
繁盛店スタッフの育て方

樋口 圭哉 著　定価 本体 1500円（税別）

ドリーム・マネージャーとして、サービス業を中心に200社、1万8,000名を超える人に行なってきた研修・コンサルティングの最強ノウハウを大公開。あなたのお店が劇的に変わる！

労務管理の最強チェックリスト

【改訂2版】濱田 京子 著　定価 本体 2000円（税別）

労務トラブルを未然に防ぐために必携の1冊。労務管理の問題点をチェックリストで洗い出し、対策に必要な必須知識をコンパクトに解説したハンドブック。働き方改革にも対応！

図解でわかる労働基準法
いちばん最初に読む本

HRプラス社会保険労務士法人 著　定価 本体 1600円（税別）

複雑でわかりにくい労働基準法の「働き方のルール」が、初めての人でもやさしく理解できる本。働き方改革関連法で改正された内容や労働契約法も織り込んだ最新内容の決定版！

図解でわかる職場のハラスメント対策
いちばん最初に読む本

山田 芳子 著　定価 本体 1600円（税別）

セクハラ、マタハラ、パワハラという職場におけるハラスメントの総合対策本。各種ハラスメントの基礎知識から正しい対処のしかたまでが初めての人でもやさしく理解できる1冊。

定価には消費税が加算されます。定価変更の場合はご了承ください。